* 浙江省哲学社科规划课题"共同富裕和数字强省双重背景下电子商 空间演进、动力重塑和产业升级研究——以浙江为例"（23NDJC102 ）
* 浙江省教育厅一般项目"八八战略指引下新型基础设施建设的成长 空间效应与高质量发展研究——以浙江省为例"（Y202353274 ）

跨境零售电商平台
消费者购买意愿内在作用
机理研究

项丹 王君 王俊锜 著

KUA JING

LINGSHOU DIANSHANG PINGTAI
XIAOFEIZHE GOUMAI YIYUAN NEIZAI ZUOYONG
JILI YANJIU

中国财经出版传媒集团
经济科学出版社
Economic Science Press
·北京·

图书在版编目（CIP）数据

跨境零售电商平台消费者购买意愿内在作用机理研究 /
项丹，王君，王俊锜著 . -- 北京：经济科学出版社，
2024.5

ISBN 978 - 7 - 5218 - 5803 - 7

Ⅰ.①跨… Ⅱ.①项… ②王… ③王… Ⅲ.①消网络
营销 - 作用 - 消费者行为论 - 研究 Ⅳ.①F036.3

中国国家版本馆 CIP 数据核字（2024）第 072205 号

责任编辑：周胜婷
责任校对：王京宁
责任印制：张佳裕

跨境零售电商平台消费者购买意愿内在作用机理研究
项 丹 王 君 王俊锜 著
经济科学出版社出版、发行 新华书店经销
社址：北京市海淀区阜成路甲 28 号 邮编：100142
总编部电话：010 - 88191217 发行部电话：010 - 88191522
网址：www. esp. com. cn
电子邮箱：esp@ esp. com. cn
天猫网店：经济科学出版社旗舰店
网址：http：//jjkxcbs. tmall. com
固安华明印业有限公司印装
710 × 1000 16 开 13.75 印张 210000 字
2024 年 5 月第 1 版 2024 年 5 月第 1 次印刷
ISBN 978 - 7 - 5218 - 5803 - 7 定价：72.00 元
（图书出现印装问题，本社负责调换。电话：010 - 88191545）
（版权所有 侵权必究 打击盗版 举报热线：010 - 88191661
QQ：2242791300 营销中心电话：010 - 88191537
电子邮箱：dbts@ esp. com. cn）

前　　言

本书依据消费者"信任倾向—感知风险—购买意愿"的研究框架，建立并验证了信任倾向、感知风险对购买意愿的作用模型，并进一步剖析了其内在机理。本书通过问卷调查收集了 266 份有效问卷，首先运用因子分析对信任倾向、感知风险、购买意愿、电子商务特性（信息过载性和功能兼容性）各测量维度展开信度分析、效度分析及探索性因子分析，删减不合理题项。其次，采用结构方程模型深入剖析消费者信任倾向与感知风险、感知风险与购买意愿、信任倾向与购买意愿之间的关系机理，同时引入感知风险作为中介变量，通过 Bootstrap 中介法分析消费者信任倾向对感知风险具体关系及维度的影响机制，分析感知风险对购买意愿的影响机制，并分析在特定的感知风险类型和强度下消费者信任倾向影响购买意愿的演化机制。最后，采用结构方程模型探究信息过载性、功能兼容性对于信任倾向与购买意愿的调节作用，验证理论假设并得出相应结论。

本书拓展了理性行为理论、计划行为理论、技术接受理论等消费者行为理论，以信任倾向、感知风险、购买意愿和电子商务特性（信息过载性和功能兼容性）作为研究重点，以消除消费者购买障碍和提升跨境零售电商平台连续增长效应为现实目标，深入剖析消费者信任倾向、感知风险对购买意愿之间的影响关系以及信息过载性和功能兼容性在信任倾向和购买意愿之间的调节作用，具有较强的理论和现实意义。

本书获得浙江省哲学社科规划一般项目（23NDJC102YB）、浙江教育厅一般项目（Y202353274）的资助。本书的出版得到了浙江工业大学之江学院商学院的大力支持，同时得到唐根年院长、徐晋书记的鼓励和认可，得益于经济科学出版社编校老师和杭州开元书局宋承发老师的细致工作。在此一并表示衷心感谢。

本书的读者对象包括各高等院校电子商务等相关专业的教师和研究生。对于跨境电商平台的管理者和公共政策的制定者、研究者而言，本书也是一套有价值的参考资料。

由于受到现有相关资料和作者水平的限制，本书不能顾及跨境电子商务的方方面面。对于书中存在的纰漏和不足，恳请读者不吝批评指正。

项 丹

2024 年 1 月

目 录

第1章

绪　　论

1.1　选题的背景、目的及意义

随着中国社会经济的持续发展，人们消费水平的不断提升和互联网技术的迅猛进步，低质价廉的商品已经不能满足人们日益旺盛的消费需求，以中等消费水平家庭为主的消费者对于高品质的海外商品有着强烈的需求。同时，电子商务日趋成熟和完善，引领了消费者的跨境消费潮流涌向跨境零售电商平台等购买渠道，消费者的消费渠道正在发生变革。我国海关总署公布的数据显示，2023 年我国跨境电商进出口额达 2.38 万亿元，其中，出口 1.83 万亿元，进口 5483 亿元，相较于 2022 年，以上三项分别增长 15.6%、19.6%、3.9%；参与跨境电商进口的消费者人数逐年增加，2023 年达到 1.63 亿人。由此可见，随着中国跨境电商市场的开放、基础环境的不断完善以及消费者跨境网络购物习惯的养成，跨境电商市场正爆发出巨大的市场潜力。

跨境零售电商平台等跨境网络购物方式越来越普及，消费者在全球范围内自主追求更深层次的消费需求得到满足。但跨境零售电商市场作为一个新兴市场，一方面展现出旺盛的生命力，另一方面也因为不成熟的市场环境、特殊的远程购物情境以及分阶段交易流程使得消费者面对的购物风险复杂多变。据国内网络消费纠纷调解平台"电诉宝"2023 年受理的全国 237 家网络消费平台纠纷案例大数据显示，2023 年跨境网购的投诉占全部投诉总件数的 3.11%。全国跨境电商用户投诉问题类型主要集中在退款问题（41.47%）、发货问题（8.70%）、商品质量（7.36%）、网络售假（6.36%）、售后服务（6.02%）、霸王条款（5.02%）、退换货难（5.02%）、物流问题（3.68%）等。基于跨境零售电商平台的蓬勃发展以及消费者售后阶段和配送阶段等多阶段风险的不断涌现，消费者究竟应该如何面对跨境零售电商平台整体交易过程中的感知风险问题？消费者信任在跨境零售电商平台消费情境中表现如何？这两者是否会对购买意愿产生影响？

本书将消费者信任倾向、感知风险和购买意愿纳入同一个理论分析框架，基于理性行为理论、计划行为理论和技术接受理论等消费者行为理论，以及 Delone & Mclean 信息系统成功模型（1992，2003）、Molla & Licker 电子商务成功模型、Brown & Jayakody 修订的电子商务成功模型等电子商务相关理论模型，深入探究跨境零售电商平台消费者信任倾向影响购买意愿的作用机制，消费者信任倾向影响感知风险的作用机制以及消费者感知风险影响购买意愿的作用机制，验证感知风险是否在消费者信任倾向影响购买意愿的传导路径中起到中介作用。

同时，电子商务特性是消费者信任倾向和购买意愿的重要影响因素，电子商务特性的作用及强度会直接影响信任倾向与购买意愿之间的关系。本研究涉及的主要研究对象为参与跨境零售电商平台购买海外商品的消费者，因此跨境零售电商平台这一特殊消费媒介的电子商务特性对于消费者信任倾向影响购买意愿具有一定的调节作用。所以本书引入电子商务特性（信息过载性和功能兼容性）作为调节变量，深入分析消费者信任倾向影响购买意愿的作用机理。

1.2 研究基本框架

1.2.1 研究逻辑

本研究根据理性行为理论、计划行为理论、技术接受理论等消费者行为理论分析跨境零售电商平台情境下消费者信任倾向对购买意愿的影响，并通过相关理论及研究引出其运行机制，同时引入感知风险作为中介变量，分析消费者信任倾向对感知风险具体关系及维度的影响机制，分析感知风险对购买意愿的影响机制，并分析在特定的感知风险类型和强度下消费者信任倾向影响购买意愿的演化机制，以及信任倾向和购买意愿之间的调节机制。在机制分析的基础上通过实证检验，进一步论证机制的合理性，深入分析消费者信任倾向如何有效影响购买意愿，为跨境零售电商平台实现连续增长效应作出理论和现实的贡献。本书结合国内外相关研究的最新动态，提出本研究的逻辑结构（见图 1 - 1）。

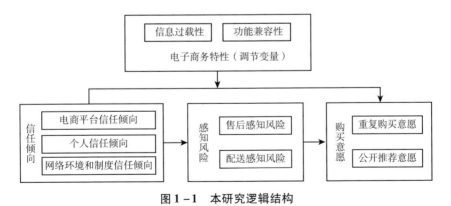

图 1 - 1 本研究逻辑结构

1.2.2 研究方法

（1）文献研究法。通过对信任倾向、感知风险和购买意愿等研究文献的回顾，提出跨境零售电商平台情境下消费者信任倾向、感知风险和购买意愿等概念的相关测量题项，以确保后续的因子分析、结构方程模型的构建。

（2）理论研究法。本书将理性行为理论、计划行为理论、技术接受理论等消费者行为理论，以及 Delone & Mclean 信息系统成功模型、Molla & Licker 电子商务成功模型、Brown & Jayakody 修订的电子商务成功模型等电子商务相关理论模型作为理论基础，归纳跨境零售电商平台情境下消费者购买意愿内在作用机制的理论框架，为后续的研究奠定理论基础。

（3）问卷调查法。在跨境零售电商平台这一特殊消费情境下消费者信任倾向、感知风险和购买意愿内在作用机理的研究需要进行数据调研。本书采用问卷调查法，为在跨境零售电商平台有过购买经历的消费者设计相应的问卷，全面调研其信任倾向、感知风险和购买意愿的真实评价和反馈，调研数据经过分析整理后将作为后继实证研究的样本数据。

（4）统计分析法。本书主要采用因子分析和结构方程等统计方法。因子分析方法用于区别各个变量的有效维度，结构方程模型可以分析观测变量和被观测变量之间的复杂关系，拟合假设模型，验证研究的准确性。本研究采用 AMOS 软件通过结构方程模型验证消费者信任倾向、感知风险和购买意愿之间的相关假设，并通过 Bootrapping 中介检验方法进一步检验结构方程结果的正确性。

1.2.3　技术路线图

本研究的技术路线如图 1 - 2 所示。

1.2.4　结构安排

根据上述技术路线的逻辑安排，本书的研究分为 8 章。

第 1 章，绪论。从研究背景出发，提出本书所要研究的主要问题，并

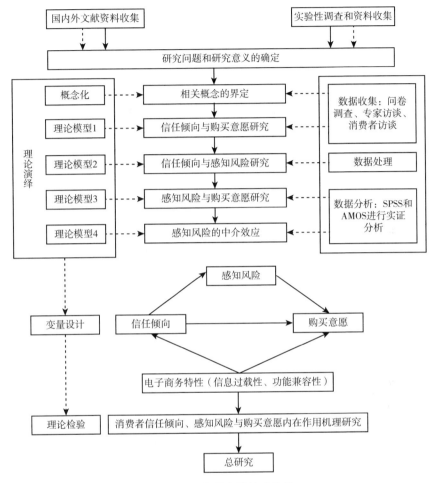

图 1 - 2   本研究的技术路线

对全书的研究方法及创新点等进行阐述和归纳。

第 2 章，文献综述。对国内外消费者信任、信任倾向、感知风险、购买意愿等相关研究进行系统综述，评述研究现状，理清理论发展脉络，发现现有研究的不足，确定研究的切入点，奠定理论基础。

第 3 章，构建并提出研究假设理论模型。基于消费者信任倾向的三个维度、感知风险的两个维度、购买意愿的两个维度，构建"信任倾向—感知风险—购买意愿"的初始概念模型，并在此基础上进行理论阐释，提出理论假设。同时引入电子商务特性的两个维度——信息过载性和功能兼容性作为调节变量，进一步探讨消费者信任倾向影响购买意愿的理论机制。

第 4 章，在理论概念模型的基础上进行问卷设计、数据收集及样本的梳理，说明信任倾向、感知风险、购买意愿及中介变量的操作性定义，并提出实证数据分析的工具与方法。

第 5 章，实证分析信任倾向、感知风险对购买意愿的影响。通过实证分析，论证消费者信任倾向与购买意愿、信任倾向与感知风险、感知风险与购买意愿之间的影响机制。

第 6 章，分析感知风险的中介效应。通过实证分析，进一步论证消费者信任倾向通过感知风险影响购买意愿的演化机制。

第 7 章，分析电子商务特性（信息过载性和功能兼容性）的调节效应。通过实证分析，验证电子商务特性（信息过载性和功能兼容性）在消费者信任倾向和购买意愿之间的调节效应。

第 8 章，结论与展望。总结本书的重要研究结论，阐述本书的理论贡献与实践意义，分析研究中存在的不足和进一步深入研究的方向，为本领域后续的研究提出建议。

1.3　主要创新点

本书主要创新点如下：

（1）跨境零售电商平台的特殊消费情境研究。现有针对消费者信任、购买意愿等消费者行为的研究基本上都是从电子商务角度去分析，考察电子商务情境下信任倾向对购买意愿的影响，而基于跨境零售电商平台这一特殊的远程消费情境下的研究较为鲜见。本书基于这一特殊情境的消费者行为研究，开创了独特的分析视角，弥补了消费者行为研究中注重品牌和产品选择而忽略购买渠道的不足。

（2）感知风险理论的有效拓展。首先，本书把消费者个人层面上的感知风险理论拓展到消费者跨境网络购物行为领域，发展了消费者跨境零售电商平台感知风险的操作性定义，开发了有效的测量工具，支持了消费者感知风险理论在跨境网络购物行为中实证研究的发展。其次，在消费者行为理论研究方面，本书提出了消费者基于跨境电商平台情境下的消费行为理论框架，将消费者感知风险与信任倾向、购买意愿等变量结合起来研究，扩大和加深了对围绕感知风险的消费者网络购物行为的认识，通过对消费者跨境网络购物感知风险测量工具的开发与改进，推动了该研究领域的发展。

（3）感知风险的中介效应研究。首先，本书通过消费者信任倾向操纵感知风险，分析了信任倾向对购买意愿的效应。在已有的研究中缺乏将消费者感知风险作为中介变量的实证操作，本书的研究通过操纵消费者各个维度感知风险，引起了感知风险的差异，这一方法弥补了该领域研究中的不足。其次，本书把感知风险作为中介变量，置于信任倾向和购买意愿之间，验证了感知风险各维度在信任倾向影响购买意愿的作用机制中所发挥的中介作用。再其次，本书解决了学术界长久以来对于信任倾向与感知风险因果关系的争论，证实了信任倾向是感知风险的前因，信任倾向的提高会有效降低感知风险的程度。最后，验证了感知风险与购买意愿的关系，验证了感知风险是影响消费者跨境零售电商平台购买意愿的直接原因。

（4）电子商务特性的调节效应研究。在众多的电子商务持续使用意愿研究中，电子商务的成功特性经常作为调节变量出现，而选取电子商务消极特性（信息过载性和功能兼容性）作为调节变量的研究十分鲜见。国内学者对信息过载、信息冗余、功能兼容等消费者消极使用意愿、倦怠情绪的影响因素研究仍处于初步探索阶段。近年才有学者对信息过载性、功能兼容性等电子商务消极特性的概念进行界定，主要关注的也是其与使用意愿、使用行为之间的双向影响作用机制。本研究将信息过载性、功能兼容性作为调节变量纳入消费者信任倾向、感知风险和购买意愿的作用机理框架中，具有一定的理论和现实意义。

（5）本研究通过对消费者在跨境零售电商平台购买意愿的描述和解释，为跨境电商平台和公共政策制定者提供深入认识消费者跨境网络购物过程中的内心活动信息，解释消费者某些行为背后的原因，以便于跨境电商企业在制定营销策略、政府部门在制定公共政策时能够有效地满足消费者的需求，解决消费者跨境网络购物过程中的担忧，降低消费者跨境网络购物过程中的感知风险，以便尽可能消除消费者跨境网络购物的障碍因素，促使跨境网络购物消费者和潜在消费者能够尽情地、安心地通过跨境网购来满足海外商品的购买需求，使得跨境零售电商平台能够得到更快更好的发展，也让电子商务自身所具有的价值和魅力被更多的消费者共享。

1.4　本章小结

本章介绍了本研究的选题背景、目的及意义、研究逻辑、研究方法、结构安排，以及本研究的主要创新点等内容。我国跨境零售电商市场潜力巨大，但由于在该消费情境下售后阶段和配送阶段等多阶段风险不断涌现，消费者购买意愿受到感知风险问题的严重制约。同时，信任倾向是感知风险的前因，同样会影响消费者的购买意愿。电子商务特性是信任倾向和购买意愿的重要影响因素。由此，本书将信任倾向、感知风险和购买意愿纳入同一个理论分析框架，深入分析三者之间的内在作用机理，并探究电子商务特性在模型中的调节作用。现有的研究对于跨境零售电商平台这一特殊消费情境下，消费者信任倾向、感知风险、购买意愿和电子商务特性的交叉研究不够充分。本书旨在前人研究的基础上，探讨和研究跨境零售电商平台消费者购买意愿内在作用机理，具有较强的理论意义和实践指导作用。

第2章

文献综述

2.1 消费者行为的相关理论基础

2.1.1 信任模型

迈尔等（Mayer et al, 1995）提出的信任模型指出，信任客体特征——值得信任因素（trustworthiness）会影响信任，从而影响在信任关系中承担的风险，最终影响风险信任的结果。信任主体的信任倾向对信任客体特征和信任起调节作用，可预见的风险对信任和在信任关系中承担的风险起调节作用。其中信任客体具有三个方面的重要属性，包括能力（ability）、正直（integrity）和善意（benevolence），这三个方面构成信任客体值得信赖的因素，且能够被信任主体感知。迈尔等（Mayer et al, 1995）的信任模型如图 2 - 1 所示。

麦克奈特等（McKnight et al, 2002）在比较和分析不同领域信任的定义后，认为电子商务领域的信任应包括信任信念（trusting belief）和信任意图（trusting intention）两个相关维度。信任信念表现为个体对信任客体

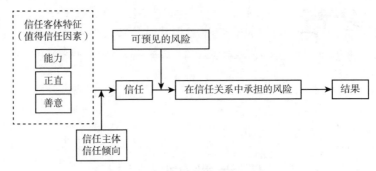

图 2 - 1　迈尔等提出的信任模型

表现出的善意、能力、正直和可预测行为承担的信心。信任意图包括依赖
意愿（willingness to depend）和依赖的主观概率（subjective probability of
dependending）两个方面。信息倾向和制度信任分别影响信任信念和信任
意图，制度信任受到信任倾向的影响。麦克奈特等（McKnight et al，
2002）的信任模型如图 2 - 2 所示。

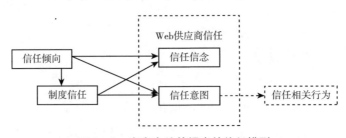

图 2 - 2　麦克奈特等提出的信任模型

2.1.2　理性行为理论

　　菲什拜因和阿伊岑（Fishbein & Ajzen，1975）提出理性行为理论
（theory of reasoned action，TRA）。根据理性行为理论的基本假设，个体对
行为的基本信念（belief）和对实施该行为可能后果的评估（evaluations）
会影响个体的行为态度（attitude），从而影响个体的行为意图（behavioral
intention），最终影响个体的实际行为表现（behavior）。行为意向受到个体

主观规范（subjection norm）的影响，最终影响个体的实际行为表现。此外，行为意向受主观规范的影响，主观规范受规范性信念和遵守规范动机的影响。理性行为理论包含一个重要的假设，个体具有完全控制行为能力。这一假设显然与人的行为会受到外在干预与约束的实际状况相悖，存在一定的脱节。理性行为理论模型如图 2 – 3 所示。

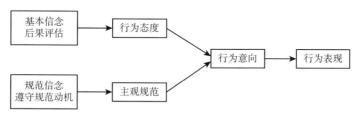

图 2 – 3　理性行为理论模型

行为意向是指个体从事某种行为的主观判断，个体对某一行为的意向越强，则行动可能性越大。行为态度是个体对目标行为正面或负面的评价，个体的行为态度由其基本信念和后果评估的乘积来衡量。基本信念是个体对实施某项行为所持的重要观点。后果评估是该行为产生的后果对个体的重要程度的反馈。主观规范是个体从事某种行为所感受到的社会压力，即个体预期其社会关系群体是否认同他的行为，主观规范由规范信念和遵守规范动机的乘积来衡量。规范信念是个体受到社会环境中他人或群体对其行为的期望，即他人或群体认为个体应该或不应该做某个行为。遵守规范动机是个体在采取某一行为时，对于其他个人或团体的依赖程度。

理性行为理论对解释个体的主观意志行为有较强的论证性，而信任也是一种典型的个人主观意志行为，由此信任研究领域的文献多数借鉴理性行为理论来构建研究框架。相关学者将电子商务领域的信任研究置于理性行为理论模型之下，将个体的基本信任信念、对网络购物环境的信任信念和对法律制度的信任信念理解为一种基本的行为信念，这种行为信念会影响个体对特定购买对象的行为态度，进而影响行为意愿，最终影响行为表现。巴塔切尔杰（Bhattacherjee，2002）基于理性行为理论验证了信任信念（即，消费者对网站的信任）对于信任意图（即，消费者参与网络交易的意愿）的影响关系。罗宾（Robin，2004）提出 B2C 交易系统中的信任对于消费者信任有正向影响，从而进一步影响消费者购买意愿。萨拉姆（Salam，2005）基于理性行为理论提出电子商务环境下信任关系发展框架模型，提出信任信念影响信任态度，进而影响信任行为意向和行为结果，最终达到关系发展的阶段。

2.1.3　计划行为理论

阿伊岑（Ajzen，1988）在多属性态度理论（theory of multiattribute attitude，TMA）和理性行为理论的基础上发展出计划行为理论（theory of planed behavior，TPB），并建立模型以提高预测个体行为的能力。计划行为理论是从信息加工的角度，以期望价值理论为出发点解释个体行为一般决策的过程。计划行为理论模型认同理性行为理论模型的假设，行为态度、主观规范是行为意向的决策因素，通过影响行为意向进而影响行为表现。但理性行为理论隐含一个重要假设，即个人可以完全控制自己的行为。然而在现实中个人要采取行动务必受到社会生活各个方面的影响制约，导致个人在非自愿的前提下指导自己的行为。因此理性行为理论模型的隐含假设实际是不成立的。基于这种情况，计划行为理论模型在理性行为理论模型的基础上增加了行为控制变量（perceived behavior control，PBC），这一变量是对个体感知的自身行为控制能力的度量，改善了理性行为理论模型的假设（即，个体有关行为能够完全受意志控制），更适应实际情况。此外，感知控制变量可直接作用于行为。计划行为理论模型如图 2－4 所示。

在计划行为理论模型中，阿伊岑增加了感知行为控制变量，作为影响行为意向的自变量。感知行为控制是指行为主体对自主控制某种行为的难易程度的感知，它基于个体的过去行为经验对自己目前欲实施的行为可能遭遇的困难的感知，以及根据自己所拥有的资源、能力、机遇等对自己目前行为帮助程度的感知，反映了个体不受外界因素影响的程度。感知行为

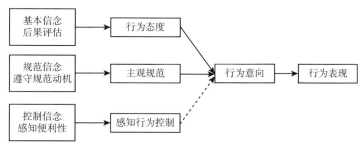

图 2 - 4 计划行为理论模型

控制由控制信念和感知便利性的乘积来衡量。

计划行为理论是消费者消费行为的重要理论，被研究者应用到各个领域，譬如社会行为、学习行为、运动行为、药物上瘾行为、居民饮食等。随着互联网的普及，电子商务在消费者生活中的应用越来越普遍，很多的学者将计划行为理论应用到消费者网络行为中。邓新明（2012）采用改进的计划行为理论，对中国特殊情境下的消费者伦理购买意愿主要影响因素进行了研究，发现中国消费者更易受到社会活动规定准则的影响。李蒙翔等（2010）基于计划行为理论，从扮演不同角色的多方参与人视角，验证模型的合理性和正确性，研究发现主观规范并未起作用，但其他变量作用显著。

2.1.4 技术接受理论

戴维斯（Davis，1989 年）在理性行为理论的基础上提出技术接受模型（technology acceptance model，TAM），延伸了行为态度——行为意向的关系。建立技术接受理论模型的最初目的是为了解释用户对于信息技术接受和采纳的决定因素。行为态度代表了用户对于信息技术的喜爱程度，行为态度受个体感知的技术有用性（perceived usefulness，PU）和易用性（perceived ease of use，PEOU）的影响，行为态度和感知有用性会共同影响行为意向，进而影响行为表现。技术接受理论与理性行为理论最大的不同在于两个方面：第一，技术接受理论排除了主观规范对科技使用的影响，只将行为态度列入模型；第二，技术接受理论提出两种不同的影响因素——感知有用性和感知易用性，作为有效预期个人行为态度的变量。技术接受理论模型如图 2–5 所示。

图 2–5　技术接受理论模型

在技术接受理论模型中，戴维斯提出了两个重要的信息变量——感知有用性和感知易用性。感知有用性是指用户认为使用某种技术系统能够带来好处的综合感知。感知易用性是指用户认为某种技术系统能够减少用户所付出努力的程度。在模型中，感知易用性也会影响感知有用性，且两者均受到外在变量（例如使用者特征、系统特征和系统操作手册等）的影响。

技术接受理论模型具有简洁易懂、解释能力强的特点，被广泛应用于消费者行为研究中。学者多应用该模型研究电子商务信任和消费者对电子商务网站的接受程度，基于技术接受理论模型将个体信任倾向、对购物环境的信任信念等理解为一种基本的行为态度，认为感知易用性会影响消费者信任，感知易用性会影响感知有用性，这三者均会影响网上购物意向。巴普卢（Pavlou，2003）在技术接受理论模型的基础上加入信任和认知风险变量，实证检验了信任和认知风险对于个体行为意图的直接影响作用，以及信任将认知风险、感知有用性和感知易用性作为中介对行为意图的间接影响作用。菲特曼（Featherman，2002）将感知风险引入技术接受理论模型，探讨消费者的在线行为。格芬（Gefen，2003）将信任变量与技术接受理论模型结合，探讨消费者在线购物行为中感知有用性对消费者行为意向的影响、感知易用性对消费者信任的影响。

2.2 电子商务的相关理论基础

2.2.1 Delone & Mclean 信息系统成功模型

德隆和麦克莱恩（Delone & Mclean，1992）通过系统分析1981～1987
年 7 本出版刊物上的 180 篇信息系统成功相关文献后，提出信息系统成功
模型。鉴于前期相关文献对于信息系统成功的解释视角不同，并且对信息
系统因变量缺乏系统的界定，德隆和麦克莱恩将几个独立的成功维度归为
一个整体，提出信息系统成功模型。该模型弥补了前期研究的缺陷，使研
究者对信息系统成功有了全面的、系统的、崭新的认识，成为被广为研究
和使用的典型模型。Delone & Mclean 信息系统成功模型如图 2 - 6 所示。

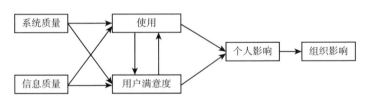

图 2 -6　Delone & Mclean 信息系统成功模型

在 Delone & Mclean 信息系统成功模型中，不同的成功维度被认为是
独立且相互依存的。系统质量和信息质量单独和共同地对使用和用户满意
度产生影响，使用的数量会对用户满意度产生影响，用户满意度反过来对
使用也会产生影响，使用和用户满意度作为直接前因共同对个人产生影
响，从而对组织绩效产生影响。

德隆和麦克莱恩的信息系统成功模型是信息成功理论研究领域的里程
碑。它首先对成功维度的文献进行整理，提供了一个合理可行的成功维度
分类方案。其次，该模型提出这些成功维度之间存在依存关系，并建立了
一个典型模型来表达它们之间的关系。在德隆和麦克莱恩之后，不少学者

都对 Delone & Mclean 信息系统成功模型进行检验，少部分学者持相反的观点。塞登（Seddon，1997）提出由于该模型将过程模型和方差模型封装在一起，这种处理是对 Shannon & Weaver 通信模型（Shannon & Weaver，1962）信息三个层次的扭曲。加里蒂和赛登（Garrity & Sanders，2005）认为 Delone & Mclean 信息系统成功模型中各因素之间的单项关系不真实，其理论支撑模糊。但绝大多数的学者均成功验证并采纳该模型，该模型在信息系统研究领域中广泛应用（Goodhue，1995；Teo & Wong，1998；Wixom & Watson，2001）。

2.2.2　Molla & Licker 电子商务成功模型

莫拉和利卡（Molla & Licker，2001）对 Delone & Mclean 信息系统成功模型进行了扩展，提出电子商务成功模型（见图 2 - 7）。

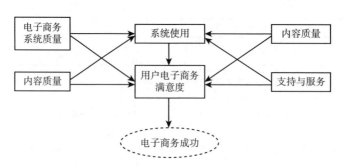

图 2 - 7　Molla & Licker 电子商务成功模型

在 Molla & Licker 电子商务成功模型中，用电子商务系统质量和内容质量替代 Delone & Mclean 信息系统成功模型中的系统质量。用客户电子商务满意度替换用户满意度，将标准缩小于电子商务客户这一特定类型的用户。该模型还额外增加了信任和服务两个因素，其中信任是针对安全和隐私问题。宣（Xuan，2007）参考 Molla & Licker 电子商务成功模型，以中国上海百联集团作为典型案例，研究系统质量、内容质量、信任、支持与服务四大维度对网络零售企业电子商务成功的影响，最终明确了网络零售企业成功的 64 个因素。

2.2.3 Delone & Mclean 电子商务成功模型

2003 年，由于信息系统角色和管理出现变化，德隆和麦克莱恩基于 1992 年的信息系统成功模型和其他研究者的研究成果，对原模型进行改进，提出 Delone & Mclean 电子商务成功模型（见图 2 - 8）。

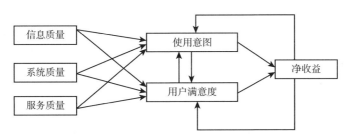

图 2 - 8　Delone & Mclean 电子商务成功模型

德隆和麦克莱恩认为，相较于 1992 年的模型，当前服务质量显得更为重要。服务质量差将导致客户流失，销售下降，所以将服务质量作为单独的维度增加到模型中。由此，在 2003 年的 Delone & Mclean 电子商务成功模型中，存在信息质量、系统质量和服务质量三个维度，这三个维度单独和共同影响使用和用户满意度。由于使用具有多维度，可以是自愿或强制的、知情或不知情的、有效与无效的，所以新模型加入使用意图来替代使用，他们认为提高用户满意度会增强用户使用意图，从而增加使用。Delone & Mclean 信息系统成功模型中的个人影响和组织影响被单一的衡量指标净收益所替代。若净收益为正，将会加强使用和用户满意度；若净收益为负，将会减弱使用和用户满意度。唐倩和黄京华（2008）基于客户服务生命周期理论和 Delone & Mclean 电子商务成功模型，构建了一个用于研究网站功能、网站使用、客户满意度与企业绩效之间相关性的模型，验证了网站需求阶段、购买阶段和售后阶段的网站功能影响网站使用和客户满意度，进而影响企业绩效。

2.2.4　Brown & Jayakody 修订的电子商务成功模型

布朗和杰亚科迪（Brown & Jayakody，2008）基于技术接受模型、信息系统成功模型和期望确定理论，提出 Brown & Jayakody 修订的电子商务成功模型，并对该模型进行实证检验。Brown & Jayakody 修订的电子商务成功模型如图 2 - 9 所示。

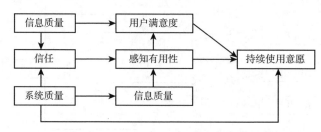

图 2 - 9　Brown & Jayakody 修订的电子商务成功模型

在布朗和杰亚科迪（Brown & Jayakody，2008）修订的电子商务成功模型中，用户满意度、感知有用性和系统质量会对持续使用意图产生直接影响，信任和信息质量会对感知有用性产生直接影响，系统质量和信息质量会对信任产生直接影响，服务质量和感知有用性会对用户满意度产生直接影响。

2.3　信任及信任倾向的相关研究

信任是人类社会产生以来人与人之间交互作用的产物，是社会关系的黏合剂，是人类社会得以存在和发展的必要基础，对信任的研究具有极为重要的现实意义。但是长久以来信任就如同阳光和空气一样被视为理所当然的存在，它默默沉寂于社会科学之中却没有成为中心课题（Mistzal，1996）。直到 20 世纪 70 年代后，对信任的研究开始逐渐成为西方社会科学界的热门话题，几乎包含心理学、社会学、经济学、管理学、营销学领域在内的所有社会科学门类。

2.3.1　信任及信任倾向的内涵研究

信任是一个古老的多学科概念，具有多属性特征，不同学科对信任的内涵有不同的理解（Corritore，2003）。在心理学研究领域，杜特斯基（Duetsch，1958）进行了著名的囚徒困境实验，从冲突解决的角度研究人际信任问题，他将信任理解为个体对情境刺激的心理和行为反应，认为个体对他人是否采取信任行为是个人对于环境刺激的判断，双方之间有无信任可以由双方之间是否存在合作来反映，而双方的信任是随着情境刺激的改变而改变。随后的心理学研究者罗特（Rotter，1967）等，将信任的理解从杜特斯基（Duetsch，1958）的情境刺激结果转向通过社会经历后形成的相对稳定的人格特质，认同这一观点的学者在此基础上编制了测量量表来测量信任这一人格特质的差异（Mcknight & Chervany，2001，2002；Gefen et al，2003）。罗特（Rotter，1967）认为信任是个体在早期心理发展过程中形成的对于他人可信程度的信念和期望，是根植于个性之中个人特质的一部分。伦佩尔（Rempel，1985）等将信任看作信任主体的一种认知行为。赖茨曼（Wrightsman，1991）强调信任是对他人动机和人格的信任，认为信任是个体特有的对他人的诚意、可信性的一种普遍可靠的信念。霍斯默（Hosmer，1995）将信任定义为个体面临一个预期损失大于预期得益的不可预料事件时作出的一种非理性的选择行为。这种借由个体经历和个性建立起来的个体对于他人和社会的一般性基本信任观念在后续信任研究中被称为个体的"信任倾向"（Mcknight & Chervany，2001，2002）。后续的心理学家侧重于研究人际关系方面的信任问题。

在社会学研究领域，对于信任的系统研究最早可以追溯到 19 世纪末德国的社会学家齐美尔（Simmel，1950）。在此之后，信任的研究一度沉寂，直到 1979 年以卢曼（Luhmann）为代表的社会学家重新开启信任领域的系统研究。巴伯（Barber，1983）将信任理解为一种通过社会交往所求得的确定性预期，将信任定义为对维持合乎道德的社会秩序的期望。路易斯和韦格特（Lewis & Weigert，1985）认为信任是由人际关系中的理性计算和情感关联决定的人际态度。朱克（Zucker，1986）认为，信任建立在法律制度之上，是一种社会结构和环境特征，是人们对环境安全性的感知。科尔曼（Coleman，1990）认为，信任是双方对制度法规共同理解的基础上对于成本收益进行理性计算后的选择。莫兰和德什潘德（Mooran & Deshpande，1992）提出信任是一种想要依靠对其有信心的交易伙伴的一种意愿。吉登斯（Giddens，1994）将信任定义为对一个人或一个系统的可依赖性所持有的信心。福山（Fukuyama，1995）认为信任是在一个社团之中，成员对彼此常态、诚实、合作行为的期待，是一种社会资本。郑也夫（2001）探讨人类利他行为对人际信任关系的影响，认为信任是有所承诺和期望的、寄予了对他人付出代价的回报。从社会学领域对于信任的研究可以看出，社会学家认为信任是建立在法规和社会制度之上的一种社会现象，突破了"个人信任"的层面，是基于"制度信任"的宏观层面的现象。

在经济学研究领域，经济学家从理性经济人角度研究经济活动中的信任问题，并引入博弈论，研究信任和风险之间的关系。威廉森（Williamson，1985）认为信任是理性行为行动者在内心经过成本收益计算后作出的利益最大化选择。达斯古普塔（Dasgupta，1988）认为，重复博弈的经历使人与人之间产生信任成为可能。克雷普斯（Kreps，1990）提出，当重复博弈概率较高时，容易自动产生"尊重—信任"的结果。科尔曼（Coleman，1990）认为，社会信任是理性个体连续博弈中的理性行为选择，其中的关键因素是信息，双方基于信息的交流越广泛，信任程度越高。

在管理学研究领域，信任被定义为对于决策制定者将会产生对自己有利结果的信念（Driscoll，1978）。扎特尔曼（Zaltman，1993）提出信任是基于对方履行的能力、可靠性和意向性的评估。迈尔等（Mayer et al，1995）将信任定义为委托人愿意承担可能被受托人伤害的行为后果，并且委托人不管是否能够控制或监督受托人，受托人希望委托人执行自己的某一个特定的重要的行为。叶乃沂（2008）提出，信任是指一个人相信他人或某个机构行为正直、有能力、愿意帮助和关心别人，因而愿意与之交往，并在需要的时候把他们作为自己托付和依靠的对象。

电子商务研究领域对于信任的研究初期大多沿用了传统环境下的信任定义，其中引用频率最高的是迈尔（Mayer）等在 1995 年提出的定义。巴和巴普卢（Ba & Pavlou，2002）认为信任是在不确定环境下一方认为另一方会作出符合自己行为的主观判断。随着电子商务的发展，近十几年来逐步出现对电子商务中信任概念的专门性研究。科里托尔（Corritore，2003）将在线信任定义为在有风险的在线环境中信任主体对信任客体不会暴露主体弱点的期望的一种态度，且在线信任具有多个维度。杨庆（2005）提出网络信任主要是指消费者对于将个人隐私信息特别是信用卡号等金融信息提供给网络商店时的安全感。杨等（Yang et al，2006）提出信任是消费者对网络商家特质和行为可信性的一种信念。金（Kim，2008）提出信任是消费者对于网络商家将会按照消费者期望履行交易职责和义务的主观信念。吴洁倩（2011）基于电子商务这一特定应用环境，将信任定义为消费者对于互联网技术系统和特定交易对象能够维护消费者利益的信心。

综上可见，虽然各学科对于信任的研究角度不同，但可以发现各学科对于信任的研究是具有内在联系的。心理学从个体的心理及行为的角度研究信任，虽未提及社会因素，但实际包含了个体具有社会性的观点。社会学将信任理解为宏观层面的信任，比如制度信任和系统信任，看似跳出了心理学的研究范畴，但仍然包含了信任是个体对现象的认知观点，因此可以将心理学对于信任的研究看作社会学信任研究的微观基础。在经济学和管理学中，多数学者都论证了社会交互作用对信任的影响十分显著，均认为社会交互的作用越大，相互信任的倾向越大。由此，综合心理学、社会学、经济学等学科对于信任的研究成果可以看出，信任这一概念是一个综合个体心理、社会制度以及经济行为等多学科知识的多维度概念，管理学、营销学等学科对于信任的研究都是延续了心理学、社会学和经济学对于信任的理解。因此本书对于跨境电子商务领域的信任的研究必然要基于心理学、社会学、经济学等学科开展，在多学科研究的丰富成果上对信任进行理解和认识。

2.3.2 信任及信任倾向的维度研究

信任是一个多维度的概念，包含了认知、情感和行为等维度（Lewis & Weigert，1985）。本书对于信任维度的梳理基于徐碧祥（2007）的从信任者、被信任者和相互关系三个视角展开。此外，本书还基于跨境零售电商平台情境，对网络环境下信任的维度进行梳理。

部分学者从信任者的视角对信任的维度进行划分。路易斯和威特（Lewis & Weigert，1985）、徐碧祥（2007）均认为信任应包含理性和情感两个维度，其中日常的人际信任主要包括认知性信任和情感性信任。吉登斯（Giddens，1994）将信任分为一般信任和基本信任，其中一般信任是一种产生于无知或缺乏信心时的盲目信任，而基本信任是一种产生于儿童早期经验的对他人和客观世界的连续性信任。

绝大多数的学者从被信任者的视角对信任的维度进行划分。影响信任建立的因素既与信任者的人格特质有关，也和信任对象（被信任者）的特征有很大的关系。从被信任者视角来看，信任主要体现在被信任者所表现出的诚实、善意、正直、能力等方面。佩伦尔等（Rempel et al，1985）认为信任应该包括可预测性、可靠性和信念三个维度。加尼森（Ganesan，1994）将信任划分为可信度和善意两个维度。迈尔等（Mayer et al，1995）将信任归为能力、正直和善意三大类。韦伯（Weber，1997）将信任分为特殊信任和普遍信任，认为特殊信任以血缘为基础，而普遍信任以共同信仰为基础。达斯和坦卡（Das & Tenga，2001）将信任划分为能力信任和善意信任两个维度。麦克奈特等（Mcknight et al，2002）提出信任的维度是能力、善意和正直，后续又提出另一个维度——可预测性，该分类方法是信任维度分类的主流方法，被后来多数研究采用。贾万帕（Jarvenpaa，2005）在网络消费者信任与购买意愿的研究中，将信任分为善意、诚实、可作为和可预见四个维度。

还有部分学者从相互关系的视角对信任的维度进行划分。雷曼（Luhmann，1979）将信任分为人际信任和制度信任，认为人际信任是建立在熟悉的人与人之间情感的基础上，而制度信任通过法律的惩罚机制或道德的预防机制降低社会交往的复杂性。巴伯（Barber，1983）按照预期的具体内容，将信任分为三类：第一类信任是对普遍发生现象的信任；第二类信任是对于法律制度和社会规范的信任；第三类信任是针对特定交易对象的信任。朱克（Zuker，1986）认为信任包含三大层次：第一层次的信任是一种基于交往经验的信任，其中互惠性是核心；第二层次的信任是一种基于社会、文化的信任，第三层次的信任是一种基于制度的信任。

网络环境下对信任的维度进行分类，第一类是消费者感知的网络环境安全，第二类是网络企业的信誉，第三类是网站建设质量（Shaw，1999）。李和特本（Lee & Turban，2001）提出了影响消费者网络购物信任的概念模型，他们认为消费者网络购物信任程度受三个前因变量的影响，这三个前因变量为消费者对在线商家的信任、对网络购物环境的信任、对环境因素的信任。麦克奈特认为电子商务环境下信任可以分为相互联系的几个维度，每一维度对应一种信任类型，其中应包括对互联网环境的信任（Mcknight et al，2002）。格瑞博内和卡卢瑟哈（Grabnner & Kaluseha，2003）将互联网信任分为系统信任（对应系统不确定性）和特定交易信任（对应特定交易不确定性）。格芬（Gefen，2003）基于技术接受理论将电子商务环境下的信任分为信任信念和信任意图两大类。科米克和本布赛特（Komiak & Benbasat，2004）基于 Web 为中介的电子商务环境，将信任定义为消费者对不同客体的认知信任和情感信任，其中客体包括公司网站上的产品信息、电子市场、互联网渠道等。

2.3.3 信任及信任倾向的影响研究

消费者对电子商务平台建立信任的最直接表现就是具有使用意愿和购买意愿。通过国内外文献梳理发现，国内外学者对消费者信任与购买意愿之间的相关性有深入的研究。格芬（Gefen，2000）研究提出影响顾客网络购物积极性的主要障碍是顾客对电子商务网站和网上供应商的不信任。格芬（Gefen，2003）探讨了感知易用性、感知有用性、网站熟悉度和信任对网上消费者购买意愿的影响，结果指出消费者信任和感知有用性对网上购买意愿有显著正向影响。金（Kim，2009）讨论了网上顾客忠诚的发展过程，其结论指出顾客满意和顾客信任对顾客忠诚有显著的正向影响，并且顾客信任显著正向影响顾客满意。卡特等（Carter et al，2014）研究指出网上顾客信任是顾客忠诚的重要驱动因素，并且信任调节作用于网上转换成本和网上顾客忠诚度之间的关系。张晓雯和陈岩（2015）构建社会化电子商务网站接受模型，以信任作为中介变量，研究信任、网站声誉、关系强度等因素对消费者购买意愿的影响，发现信任是影响购买意愿的最主要因素。

2.4 感知风险的相关研究

2.4.1 感知风险的内涵研究

感知风险（perceived risk）的概念是由哈佛大学雷蒙德·鲍尔（Raymond Bauer，1960）从心理学延伸出来。鲍尔将感知风险的概念引入消费者研究领域，将其定义为消费者购物行为可能引起的不愉快后果，并且相同的风险会给不同的消费者带来不同的感受结果（Sheth & Venkatesam，1968）。考克斯（Cox，1967）提出感知风险的构成包括消费者行为引起的后果及不确定性。坎宁安（Cunningham，1967）认为感知风险由事件发生的不确定性与行动引起不利后果的程度共同构成。迪拜克斯（Derbaix，1983）认为感知风险是产品购买过程中，消费者因无法预料其购买结果的优劣以及由此导致的后果而产生的一种不确定性感觉。斯洛维克（Slovic，1987）提出感知风险的定义，他认为感知风险是人们对有害行为和可能带来危险技术后果的一种主观判断和估计。道林和理查德（Dowling & Richard，1994）提出感知风险是消费者购买产品和服务时所感受到的不确定性和不利后果的可能性。总的来看，感知风险的定义大部分遵从考克斯（Cox，1967）和坎宁安（Cunningham，1967）的界定。

网络经济的发展日新月异，新的商业模式层出不穷，消费者购买模式也发生了变化，越来越多的学者将研究视角瞄准消费者网络购物的感知风险。桑德拉和博时（Sandra & Boshi，2003）提出网络感知风险是消费者在考虑当次的网上购买时对损失发生的主观预期。叶乃沂（2008）以消费者上网购物行为为研究对象，提出感知风险是消费者在互联网购物过程中对自己决策行为所带来的可能不利后果的感受和判断。杨翾（2016）提出互联网环境下的感知风险是消费者使用互联网买卖时会对出售方信用、产品品质、宣传方式、安全技术以及内外环境产生不确定因素的主观预期导致决策的错误判断，由此容易出现不同程度的负面结果。在此，本书将感知风险定义为网络环境下消费者因为不能预见网络消费行为的结果而面临的不确定性。

在电子商务交易环境下，商品的不可触摸、非面对面交易的不确定和不可控，以及交易双方地理位置的分散性，使得不同的消费者感知的风险水平存在一定的差异。感知风险是影响消费者购买决策和购买行为的重要因素，在跨境零售电商平台这一新型购物情境下，感知风险的研究具有较强的现实意义。

2.4.2　感知风险的维度研究

感知风险的定义揭示了感知风险的本质特性，但并未交代感知风险的具体构成。考克斯（Cox，1967）和坎宁安（Cunningham，1967）在感知风险定义界定的基础上，将研究视角拓展到构成要素的探讨。考克斯（Cox，1967）通过风险量和风险利害关系两个概念来解释感知风险，并提出感知风险的构成维度，包括消费者行为引起的后果及不确定性，所购买产品的效果及购物引起的心理状态或心理感受，等等。坎宁安（Cunningham，1967）对考克斯（Cox，1967）的定义做了修改，他认为感知风险是由事件发生的不确定性与行动引起不利后果的程度两个维度构成。自此以后，众多学者对于感知风险的维度进行了大量研究，证明感知风险是一个多维度的概念。

罗塞利乌斯（Roselius，1971）提出消费者面临的四种损失类型，包括自我意识方面的损失、机会损失、金钱损失以及时间损失。许多学者基于雅各比和卡普兰（Jacoby & Kaplan，1972）的五维度模型发展出多维度感知风险的操作定义（Peter & Tarpey，1975；Murray & Schlater，1990；Mowen，1990；Stone & Gronhaug，1993；Javenpaa，1997；Anne，2002；Sandra，2003）。

彼得和塔皮（Peter & Tarpey，1975）在五维度模型的基础上，增加了时间风险。阿哈默德（Ahmad，2006）基于感知风险的文献回顾，将感知风险最终细分为财政风险、功能风险、时间风险、社会风险、心理风险、身体风险、来源风险、隐私风险。

随着互联网的全球普及和电子商务的蓬勃发展，消费者的购买模式发生了改变，国内外相关文献也主要聚焦于网络消费心理和行为过程中的感知风险研究。杰万帕和托德（Javenpaa & Todd，1997）在研究消费者网上购物的反应时，提出消费者感知风险包括财务风险、产品效果风险、社会风险、个人风险和隐私风险，其中个人风险和隐私风险是基于网络环境下消费者可能面临的新型风险。安妮（Anne，2002）在研究网上购物的感知风险和风险降低策略时，提出网上购物的风险包含产品效果风险、时间风险、财务风险、运输风险、社会风险、隐私风险、支付风险和网站源风险。桑德拉（Sandra，2003）研究网络购物过程中消费者光顾和风险感知时，将感知风险归纳为财务风险、产品效果风险、心理风险、时间风险和方便损失风险五大类。叶乃沂（2008）基于消费者网上购物领域，将感知风险描述性地归纳为网上商店不可靠风险（机会主义行为）、产品效果风险、金钱损失风险、配送损失风险以及个人信息被滥用风险五个维度。王玉（2009）提出网络购物方式下消费者经常面临的风险包括产品绩效风险、财务风险、信息风险、时间风险和隐私风险等。杨青等（2011）考察了网上支付过程中的感知风险因素，最终将感知风险类型界定为经济风险、功能风险、安全风险、时间风险、因素风险、社会风险、服务风险以及心理风险。通过对网络购物时消费者感知风险的维度进行梳理可以看出，学者们提出的感知风险维度基本是由经济、功能、身体、社会、心理、时间这六个相对公允的维度为基础构成（孔鹏举，周水银，2012；简迎辉，聂晶晶，2015）。

随着研究的深入，学者们开始将感知风险研究深化到电子商务模式的具体情境中，突破六维度的理论框架，建立创新性的理论体系对感知风险维度重新进行梳理整合。吕雪晴（2016）基于跨境零售电商这一新型消费情境，根据消费者决策具有的多阶段决策特征，将感知风险的维度创新性地划分为感知订货风险、感知支付风险和感知物流风险。刘玉芽和冯智雅（2015）将网络购物感知风险分为信息感知风险、交易感知风险、配送感知风险和售后感知风险。

2.4.3 风险及感知风险的测度研究

风险及感知风险的研究，受不同方法或范式的影响，一般有两种研究取向。一种是建立在期望效用理论的基础上，基于规范、理性的公理或理论假设，采用概率计算、形式逻辑和风险评估等方法，研究在经济学、决策科学中如何分析和量化风险。另一种取向是建立在认知心理学理论的基础上，基于个人的主观评价和风险认知，采用认知心理学的一套测量体系和方法，通过感性认知和判断对风险进行判定。

针对第一种研究取向，在一般的决策理论和决策方法中，学者们总结了"方差""自方差""临界概率""结合的风险度量"作为度量风险的四种方法。针对感知风险这一概念的测量由坎宁安（Cunningham，1967）最早提出，他认为感知风险的测量可以由损失的不确定性和结果的危害程度相乘得到。贝特曼（Bettman，1973）提出感知风险的加法模型和乘法模型，并通过九种产品的实证研究比较两者的测量效果。菲什拜因（Fishiburn，1977）通过将风险自方差度量和临界概率度量相结合，计算结合风险的大小。彼得和瑞恩（Peter & Ryan，1976）提出感知风险的测量模型，该模型由事件的负面后果和负面后果发生的可能性构成，其有效性和正确性已得到证实。卢丝（Luce，1980）提出一些感知风险可能的公理化模型，首次提出风险的乘法结构，并发展了期望算法模型和期望指数模型。卢丝和韦伯（Luce & Weber，1980）在此基础上又发展了联合风险模型（CER 模型），该模型包含均衡结果的概率、正面和负面结果的概率、提高 K + 得到的正面结果条件期望以及提高 K − 得到的负面结果条件期望。道林和理查德（Dowling & Richard，1994）提出整体感知风险的概念，通过衡量产品种类风险和产品特定风险相加得到。贾和戴尔（Jia & Dyer，1996）在期望效用理论的基础上，将风险定义为负的效用，提出标准测度 R（X'）模型。贾、戴尔和巴克勒（Jia，Dyer & Butler，1999）在标准测度模型的基础上，提出新的感知风险测度模型，其包含决策后果的均值和标准差。

针对第二种研究取向，绝大多数的学者在研究感性、直觉的风险分析行为时，一般遵循心理测量范式的研究方法，建立反映心理活动的抽象变量，采用间接测量的方式，比如问卷形式的心理结构测量量表来进行间接测量。斯洛维克（Slovic，1987）通过心理测量、多元变量统计技术或认知图谱的方法来定量测度人们的风险态度和风险感知。

2.4.4　感知风险的影响因素研究

国内外相关学者从不同的视角对感知风险的影响因素进行研究。在研究的初期，多数学者对于感知风险的影响因素主要从性别、年龄、经验、信任等角度展开研究。还有学者就性别对于感知风险的影响展开研究。刘蓓蕾等（2013）针对女性网上购物消费者进行研究，提出影响女性消费者感知风险的因素，包括易受评论影响、冲动购物及期望失调等。瑞德内森姆（Ratnasingham，1999）认为信任是风险的一面镜子，消费者高度信任意味着感知风险水平低。

随着研究的深入，学者对于消费者感知风险影响因素的研究视角拓宽到经济、文化、法律等环境因素，品牌类型、商品类型、付款方式、购物渠道等营销因素，逐步构建了消费者网络购物感知风险影响因素的全面体系。张等（Cheung et al，2000）研究发现，网络零售商感知隐私控制、感知安全控制、感知能力和感知诚实会影响消费者感知风险。卡斯（Case，2002）认为在网络购物中，产品、互联网、网站和远程交易会影响消费者感知风险。叶乃沂（2008）将消费者感知风险归纳为三大因素，包括个人因素（例如性别、年龄、信任、经验、介入度等），环境刺激因素（例如经济、技术、文化、道德等）和营销刺激因素（例如产品特点、购物渠道、品牌、付款方式等）。井森、周颖和王方华（2007）基于网络购物将感知风险的影响因素分为三大类，包括消费者（即交易主体）、产品（即交易对象）和网络（即交易中介）。梁健爱（2012）基于前人的研究成果，将感知风险的影响因素归纳为网站因素、顾客因素和网络零售商因素。

2.4.5　感知风险的影响研究

经相关学者研究，与消费者感知风险相关的结果变量包括购买意愿、购买态度、购买行为、购物犹豫等（Cox，1967；Rousilius，1976；Greenleaf & Lehmann，1993；Dhar，1997）。达尔（Dhar，1997）研究发现感知风险对购买意愿、购买态度和购买行为产生重要影响。福赛思和施（Forsythe & Shi，2003）对消费者在线购物行为进行研究，证实感知风险与在线购物行为显著相关。尼扎科和费尔纳德斯（Niyazaki & Fernadez，2001）

认为网上购物过程中感知风险程度与网上购物频率负相关。福赛思和施（Forsythe & Shi，2003）、巴普卢（Pavlou，2003）以在线购物作为研究对象，均发现感知风险与在线购物行为显著相关。通过对中国、美国和新加坡消费者网上购买行为进行研究，学者们发现消费者感知风险和态度会显著影响消费者网络购买意愿（Teo & Liu，2007）。林（Lin，2008）研究发现，消费者网络购物环境下的感知风险与网络购物行为呈负相关关系。金（Kim，2008）等的研究结果证实，感知风险对消费者网络购物意向及行为有直接影响。钟凯（2013）以感知风险等因素作为感知价值的前因变量，构建对购买意愿影响的理论模型，实证验证感知风险对购买意愿的影响是负向的。罗长利（2015）基于技术接受理论和计划行为理论，构建余额宝用户的感知风险和使用意愿模型，证明感知风险显著负向影响用户使用意愿。

2.5　购买意愿的相关研究

2.5.1　购买意愿的内涵研究

行为意愿是任何具体行为的必要过程，行为意愿决定个人行为，个人有了行为意愿才会产生具体行为。菲什拜因（Fishbein，1995）将意愿定义为个体作出某种决策的主观概率，将该定义进行延伸，则购买意愿可以定义为消费者购买某种产品的可能性或主观概率。哈里森（Harrison，2000）认为行为意愿是作出某种特定行为的强度。多兹和齐他姆（Dodds & Zeithaml，2002）将惠顾意愿定义为愿意去某特定商店的可能性以及将此商店推荐给他人的可能性。希夫曼和坎尼克（Schiffman & Kanuk，2003）将购买意愿定义为衡量消费者采取购买行为的可能性。多兹和门罗（Dodds & Monroe，2003）提出购买意愿是消费者购买特定产品和服务的主观倾向，所以购买意愿的形成必然具有一定的主观性，既反映消费者对某种产品或服务的态度，又反映消费者购买某种产品或服务的行为概率。

阿伊岑（Ajzen，2003）提出消费者购买意愿是其购买行为产生所必须经历的过程，对消费者购买行为起到决定性作用。由此，可以得出结论，消费者购买意愿是其未来消费行为的重要预测指标。

本书认为无论是传统的消费模式还是网络购物模式，甚至是本书研究的跨境零售电商平台购物模式，消费者购买意愿都是指消费者为获得某种产品和服务所作出购买行为或推荐行为的主观概率。传统的消费模式下，消费者通过与卖家面对面的交流，对产品进行直观的了解。在网络购物模式下（包括跨境零售电商平台购物模型），消费者通过浏览网站，对网站所展示的商品或服务进行了解后，再决定是否购买。基于目前网络购物模式兼具社会化功能，消费者对于自己满意的产品和服务可以通过网站或平台的该项功能实现向他人公开推荐的操作，由此对于购买意愿的定义新增公开推荐意愿这一维度。结合以上综述，本研究认为，跨境零售电商平台购买意愿是指消费者借助跨境零售电商平台进行海外商品和服务的购买活动以及向他人公开推荐行为的主观概率或可能性，还包括未来继续与该平台保持良好关系的意愿和行为反应。

2.5.2　购买意愿的维度研究

拜瑞苏曼和泽丝曼尔（Parasuraman & Zeithaml，1988）将消费者的购买意愿分为正向购买意愿和负向购买意愿。钟凯（2013）基于前人文献的梳理，提出购买意愿是指消费者为获得某种产品、服务而作出购买行为的主观概率，包括线上购买意愿和线下购买意愿。李玉萍（2011）将顾客网络购物重购意愿作为研究对象，从三个层面分析影响顾客重购意愿的影响因素，顾客重购意愿作为购买意愿的一种类型脱颖而出。此外，随着电子商务网站的社会化功能增强，社交网络和传统电子商务相融合，消费者可以进行在线评价、网络分享、推荐互动等促进网络交易的达成（陈蕾，2016）。消费者的推荐互动也刺激购买意愿的产生，由此本书将消费者重复购买意愿和公开推荐意愿作为跨境零售电商平台购买意愿的两个维度展开讨论。

2.5.3　购买意愿的影响因素研究

李（Lee, 2009）等以技术接受理论模型为基础探讨网上顾客的重复购买意愿，网站的信息满意度和系统满意度影响网站的有效性和实用性，进而影响顾客的行为态度，最后影响顾客的重复购买意愿。阿尔－马格拉比（Al-maghrabi, 2011）等对技术接受理论模型和期望一致性理论进行整合，运用结构方程模型和恒定性检验，研究得出顾客网络购物连续性使用意愿的决定因素包括感知有用性、感知娱乐性和顾客社会压力等。李（Lee, 2011）等在技术接受理论模型的扩展模型基础上构建网络购物消费者重复购买意愿的影响因素模型，感知价值、感知易用性、感知有用性、公司名誉、顾客隐私权、消费者对网站信任度、网站功能性等对重购意愿有显著的正向影响。吴（Wu, 2014）等从关系交易的角度探讨感知价值、交易成本和重购意愿之间的相关性，指出感知价值、信息搜寻成本、道德风险成本和特定资产投资对网上消费者重购意愿有显著的正向影响。孙（Sun, 2014）等以中国用户作为研究对象，整合社会资本理论和技术接受理论，探讨中国用户对社交网站的连续性使用意愿影响因素，研究成果指出，感知娱乐性、感知有用性、使用满意度、努力期望、社会影响力、联结程度、行为规范和信任对社交网站的连续性使用意愿都有明显的驱动作用。

2.6　电子商务网站特性——信息过载性和功能兼容性的相关研究

2.6.1　电子商务成功的网站特性

在现有的电子商务成功文献中，相关学者对企业电子商务成功的因素进行了描述，这些因素可以用来评估电子商务网站质量，进而可以预测和评估企业电子商务的成功（Thorleuchter & Van den Poel，2012）。虞萍（2014）将企业电子商务网站成功因素归纳为系统质量、信息质量和服务质量三个一级指标展开分析。本研究基于虞萍（2014）的分类方式，从系统质量、信息质量和服务质量三个维度对企业电子商务成功影响因素展开研究。

1. 系统质量

系统质量是影响用户使用电子商务系统、用户与电子商务系统互动的一个系统元素，是用于衡量电子商务系统所必需的特性（Delone & Mclean，2003）。麦金尼（McKinney，2002）等提出，高质量的网站系统质量会提高网络顾客的满意度，进而提高企业商业成功。希格尔（Chiger，1997）、罗斯和斯迪勒（Lohse & Spiller，1998）提出，低质量的网站系统会对消费者满意度和购买经历产生负面影响。

系统质量是一个多维度的概念，在过去的研究中相关学者定义了很多用于衡量系统质量的因素。麦金尼（McKinney，2002）等定义了可访问性、可用性、适航性和交互性作为系统质量的四个维度。尼格什（Negash，2003）定义了交互性和可访问性来代表系统质量。德隆和麦克莱恩（Delone & Mclean，2003）将可用性和可访问性作为系统质量的重要衡量指标。库恩（Kuan，2008）将系统质量的特性定义为易于导航、易于使用、视角上的吸引力、布局一致性、下载延迟和快速结账。虞萍（2014）提出可用性、适航性、易用性、个性化、安全性和远程临场感是系统质量的 6 个维度。除此以外，有学者对于企业电子商务网站系统质量的关键要素展开研究。米莱尔（Muylle，2004）等研究发现用户喜欢和热衷于某个网络公司的一个重要原因是该网站具有方便的网站导航。舍恩伯格（Schonberg，2000）提出，针对消费者提供个性化、一对一的服务是系统质量的一个重要因素。

2. 信息质量

李等（Lee et al，2005）提出，电子商务网站信息质量高会提升消费者满意度，从而维持网站吸引力。德隆和麦克莱恩（Delone & Mclean，2003）研究发现，信息质量是确定信息系统成功的关键要素。

信息质量同样是一个多维度的概念，在过去的研究中相关学者定义了很多用于衡量信息质量的因素。尼格什（Negash，2003）等提出，信息质量的两个层次——信息量和娱乐性，其中信息量包含信息的准确性、便利性、完整性、相关性等，娱乐性指界面可享受、有趣、令人兴奋等。李等（Lee et al，2003）提出有效的网站信息还应包括新产品信息、优惠产品信息以及公司联系信息，帮助消费者以较少的点击就能获得所需信息。虞萍（2014）鉴于虚拟环境的特殊属性，将网站信息质量分为产品信息质量和服务信息质量两个部分，选取相关性、易懂性和最新型作为信息质量的三个维度。

3. 服务质量

服务质量是指客户期望与交付服务水平的匹配情况（Parasuraman et al，1985），相关研究表明电子商务的成功与服务质量正相关（Parasuraman et al，1985；Page & Lepkowska，2002；Chen et al，2004；Owen，2005；Schneider，2006）。

服务质量同样是一个多维度的概念，在过去的研究中相关学者定义了很多用于衡量服务质量的因素。拜瑞苏曼等（Parasuraman et al，1985）对服务质量的维度进行了研究确认，提出可靠性、易接近性、响应性、可信性、安全性、有形性、能力、礼貌、沟通、理解是影响电子商务在线服务质量的 10 个维度。随后，拜瑞苏曼等（Parasuraman，1988）又将这 10 个维度合并为保证性、响应性、可靠性、移情和有形资产 5 个维度。刘和阿内特（Liu & Arnett，2001）从快速响应、移情性、跟踪服务和保证四个方面衡量服务质量。杨等（Yang et al，2009）通过可靠性、保证性、响应性和移情性四个方面衡量服务质量的水平。有学者提出定制化已经成为电子商务网站的一项重要特性，定制化服务就是指：根据消费者需求对产品和服务进行调整，提高电子商务企业的建设质量，鼓励消费者的下一次购买活动，进一步区别于竞争对手（Roman，2000；Morelli，2001；Epstein，2005）。虞萍（2014）将电子商务企业服务质量归纳为响应性、定制化、可靠性、移情性。江宸（Jeng，2013）将电子商务服务质量划分为信任（保证）和移情性。针对电子商务企业配送服务展开的研究发现，消费者需要声誉良好的配送公司，提供价格合理、服务可靠的配送服务（Turban et al，2004），在线物流速度也会影响消费者对电子商务企业的满意度（Quaddus，2005）。

2.6.2　电子商务消极的网站特性

近十年来，国内外学者重点关注电子商务用户持续使用意愿和使用行为，并进行了深入研究，而对于用户不持续使用的研究仍然处于起步阶段。然而，在电子商务迅猛发展的背后，许多国内外电子商务网站或平台发展开始减缓，甚至停滞不前，短时间内用户流失严重，部分电子商务网站甚至被迫关闭。近年来已有学者将电子商务的研究重心逐渐转移到用户停止使用、使用倦怠等消极使用行为的探索上，分析电子商务网站用户流失的关键因素。用户的消极使用行为是用户流失的先兆和预警，应当引起学术界和电子商务运营商的关注与重视。

从外部视角来探究电子商务用户消极使用行为，一般从两个角度展开研究，第一是从信息技术角度，第二是从社会环境角度。本研究从信息技术角度，探究影响消费者消极购买意愿的电子商务特性。综合前人的研究，绝大多数的学者在研究网络媒体消极使用、倦怠情绪的关键因素时，信息过载性被研究证实是影响消极使用意愿的一个首要因素。相比而言，对于功能兼容性的研究文献相对较少，大多数学者会使用多样性、交互性、丰富度等因素作为网络媒体系统功能的重要特性。

1. 信息过载性

电子商务平台作为人们购买商品、获取商品信息和服务的重要渠道，包含丰富、多形态的信息，用户可以通过便捷、简短的搜索方式获取所需商品信息，但随之而来的信息冗余等问题让人担忧。克拉普（Klapp，1986）提出了信息过载的概念，信息过载是指接收信息超过个人或系统所能处理和利用的范围，并导致故障的情况。还有学者将信息过载定义为信息产生的速度或信息数量超过用户所能处理和接受范围（Chang & Zhu，2011）。

学者们开始认识到用户的不持续使用行为与使用该软件或平台所产生的疲劳等负面情绪有关，而负面情绪可能与信息过载有关。科日比尼等（Cherubini et al，2010）提出，由于压倒性的内容和运营商不断的推送，导致 SNS 用户感到使用倦怠。杨（Yang，2013）等研究提出，信息过载引发网络媒体用户的倦怠和焦虑，通过思维抑制的中介作用，影响消极使用意愿。张（Zhang，2015）等从过载的视角实证分析了用户疲劳和不满意情绪的产生过程，研究发现疲劳等负面情绪正向影响用户不持续使用行为。王娜和任婷（2015）提出信息过载对人的日常生活产生一定负面影响，主要表现在信息利用率低、影响用户心理健康、影响人际交往三个方面。邱佳青等（2016）基于信息系统成功模型，提出信息过载和信息质量引发用户不良情绪，进而间接影响网络用户信息屏蔽意愿，其中信息过载影响程度最大。李（Lee，2016）等以压力应对理论为基础，将 SNS 用户情感作为研究对象，发现信息过载与社交网络疲劳之间显著正相关。刘鲁川等（2017）根据扎根理论，构建了社交媒体消极使用行为模型，研究发现从环境因素来看，信息量过大、传播速度过快等信息过载情况是干扰用户对信息有效识别的首要原因。张敏等（2019）基于使能和抑能的双重分析视角，采用扎根理论的方法构建模型，研究发现信息过载等情境因素促进了用户的消极使用行为。

从目前来看，对于信息过载、功能过载与用户消极行为之间的交互关系还有待深入研究，研究的对象也主要局限在社交媒体，鲜有对电子商务平台尤其是跨境零售电商平台信息过载的研究。目前，由于我国跨境零售电商平台绝大多数采用"自营 + 平台"的经营方式，消费者面临着较为复杂和庞大的商品信息量以及"无微不至"的推送服务，但这与消费者有限的处理时间、有限的信息接收能力相矛盾，消费者很难一一仔细查看搜索到的海量信息，大量冗余信息干扰了消费者对有关信息的精准选择。同时，跨境零售电商平台无法针对不同的消费者提供个性化需求的服务，甚至出于推销目的更多地推送无用的商品信息和服务，消费者如何在海量商品中挑选出自己真正需要的、并消化这些商品信息是干扰消费者使用跨境零售电商平台的一大难题。消费者出于时间成本考虑可能会放弃从平台筛选到的商品，关闭一些不常使用的功能，转而向有过交易往来的商家购买或转向单一类型产品销售平台购买。

2. 功能兼容性

随着互联网的发展和电子商务的普及，电子商务平台逐步实现全方面和多功能，它们不仅是消费者购买商品和服务的重要渠道，更是用户获取信息、传播信息、交流信息、沟通合作、满足娱乐需求的一个重要平台。电子商务平台尤其是跨境零售电商平台实现了功能的兼容，但是出乎意料的是电子商务平台用户的使用热情却在逐步消退，功能兼容性使得用户在使用时有多种选择，使用目的不再纯粹出于购买欲望，而是平台提供的各种其他功能。消费者在真正挑选和购买商品时，很可能出于简单、便捷的角度，或更信任单一使用功能的电商平台的角度，放弃具有功能兼容性的电商平台，而偏爱使用功能单一化的电商平台。罗斯和斯皮勒（Lohse & Spiller，1998）研究发现，大型网上商店在将流量转化成销量方面比小商店效果差，因为消费者很难找到他们所需的商品。网站信息可以帮助消费者进行选择，但要避免在网站提供过多的信息，当消费者面对过量的信息可能产生信息超载的情况，消费者感觉无所适从，反而影响购买意愿，进而影响购买决策。李和金（Lee & Kim，2013）将韩国 B2C 企业作为研究对象，构建了电子商务成功的 6 个关键要素，并将它们归为三大类：第一大类是组织要素，包括客户互动和高层领导支持；第二大类是网站设计技术的方便性，即兼容性；第三大类是相关的技术与性能指标，包括信息系统专家、信息系统安全和系统体系结构。

2.7　现有研究评述

通过以上综述可以看出，本书研究内容涉及消费者信任、感知风险、购买意愿以及电子商务消极特性等多个研究视角。虽然众多学者就以上研究要素的相关领域进行了系统研究，但仍有一些值得拓展的方面。

（1）虽然已有部分学者对信任（即信任倾向）和购买意愿的关系进行了研究，并且探讨了中介变量和调节变量在这两者关系中所起到的作用，但是把消费者信任放入某一个特定的消费情境下进行研究却是鲜见的。因此，针对跨境零售电商平台的消费情境，消费者信任对感知风险有怎样的特殊影响，消费者信任对购买意愿有怎样的特殊影响值得进一步深入探讨。

（2）跨境零售电商平台情境下的消费者信任，可以通过感知风险对购买意愿形成影响。因此，对于消费者而言，感知风险在其信任（信任倾向）影响购买意愿的过程中起到怎样的作用，它们之间的演化机制是什么，值得进一步深入探讨。

（3）虽然感知风险和购买意愿关系的研究众多，但是这些研究基本忽略了信任作为感知风险前因的作用。针对跨境零售电商平台，消费者先产生信任感，降低了感知风险的程度，最后影响购买意愿。因此，本研究将消费者信任作为感知风险的前因，对该领域的研究具有一定意义。

（4）跨境零售电商平台属于电商平台较为特殊的一种类型，该平台所具有的电子商务特性是消费者购买过程中不可忽视的一个权变因素。电子商务特性越显著，越容易影响消费者的购买行为。现有研究中较多地涉及电子商务成功的特性，但对于电子商务消极特性的研究却是近年来才出现。此外，将电子商务消极特性作为消费者信任和购买意愿关系中的调节变量十分鲜见，因此电子商务消极特性在消费者信任和购买意愿中的调节作用和发生机理值得进一步研究。

2.8　本章小结

前人的丰富研究成果为本书提供了坚定和充实的理论基础。本章首先对理性行为理论、计划行为理论、技术接受理论等消费者行为理论，以及 Delone & Mclean 信息系统成功模型、Molla & Licker 电子商务成功模型、Brown & Jayakody 修订的电子商务成功模型等电子商务相关理论模型进行理论回顾。然后，对消费者信任及信任倾向、感知风险、购买意愿及电子商务特性等相关研究进行文献回顾，指出跨境零售电商平台情境下消费者信任倾向、感知风险、购买意愿和电子商务特性的交叉研究及实证研究等方面存在不足。针对这些不足，本书将关注跨境零售电商这一特殊消费情境下，消费者信任倾向以及感知风险的特殊行为表现，及两者对购买意愿的影响作用机制，并重点关注电子商务特性对消费者行为的调节作用。

第 3 章

理论模型及研究假设

3.1　理论模型的提出

本书将信任倾向、感知风险和购买意愿纳入同一个理论分析框架，基于理性行为理论、计划行为理论和技术接受理论等深入探究跨境零售电商平台消费者信任倾向影响购买意愿的作用机制，消费者信任倾向影响感知风险的作用机制以及消费者感知风险影响购买意愿的作用机制，验证感知风险是否在消费者信任倾向影响购买意愿的传导路径中起到中介作用。

同时，基于 Delone & Mclean 信息系统成功模型、Molla & Licker 电子商务成功模型、Brown & Jayakody 修订的电子商务成功模型等电子商务相关理论模型的研究发现，信息质量、服务质量、内容质量等电子商务特性是用户使用意愿的重要影响因素，电子商务特性的方向和强弱会调节用户的使用意图和满意度。本书的主要研究对象是参与跨境零售电商平台购买海外商品的消费者，基于前人理论模型的验证，本书假设电子商务特性对于消费者信任倾向影响购买意愿具有一定的调节作用。由此，本书引入电子商务特性作为调节变量，深入分析消费者信任倾向如何有效影响消费者行为。

综上所述，本书的概念模型如图 3 - 1 所示。

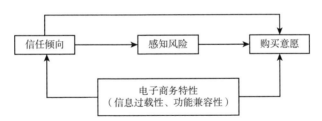

图 3-1 信任倾向—感知风险—购买意愿的概念模型

3.2 变量结构设计

3.2.1 信任倾向的维度

1. 电商平台信任倾向

在网络交易的信任研究中，基于交易媒介的信任倾向通常采用"网站信任特质"作为界定。苏丹（Sultman，2002）等认为网站信任特质包含浏览方式、建议机制、零错误、订单履行能力、社群、隐私与安全、信任标章、品牌与网站呈现等九个方面。福格（Fogg，1999）等基于跨国调查研究，提出值得信赖的网站需要具备实体感、易使用性、专业性、可信任性和量身定制等特质。冯炜（2010）提出消费者网络购物过程中，可以信任的网站特质应包括网站设计、网站服务品质、网站内容、网站声誉、安全政策主张和隐私政策披露等方面。

综上所述，本书将电商平台信任倾向定义为：消费者和其他利益相关者，作为信任主体对于某一特定电商平台能够按照信任主体期望维护其利益的信心，以及基于这种信心信任主体所表现出的各种积极行为意向。

2. 个人信任倾向

个人信任倾向（personal trust propensity）的概念源自心理学领域对于

信任的研究。个人的信任倾向受其人格特质、文化背景和发展经验影响（Hofstede，1980）。个人信任倾向是对他人值得信任与否的一般性期望或一般性意愿，属于个人人格特征（Rotter，1971；Farris et al，1973；Mayer et al，1995；McKnight et al，1998）。一个具有较高信任倾向的个体比具有较低信任倾向的个体更容易与他人发展亲密关系，对于新生事物更容易产生信赖感（杨翾，2016）。

基尼和丘本（Kini & Choobineh，1998）、格芬（Gefen，2000）、李和特本（Lee & Turban，2001）基于消费者网上购物领域，均提出个人信任倾向因素是影响电子商务信任的重要因素。格芬（Gefen，2003）提出，个人信任倾向是消费者的个体特征，是个体经过长期社会经历所形成的依赖其他人的意愿。冯炜（2010）认为，信任倾向是一种稳定的内部因素，会影响个人愿意去依赖他人的倾向和信任发生的可能性。信任倾向是一个与个体人格特质有关的概念，是由个人生活经历形成的个人内心根深蒂固的对于他人可信赖程度的一般性看法（吴洁倩，2011）。陈莎（2013）基于社会化电子商务网站，对消费者个人因素、厂商因素、社会化电子商务网站因素影响程度进行比较分析，研究发现个人因素对信任的影响较厂商因素和社会化电子商务网站因素更大。

综上所述，本书将个人信任倾向定义为：消费者作为信任主体基于以往生活经验和社会认知程度所形成的一种基本的人格特质，是信任他人的一般性意愿。

3. 网络环境和制度信任倾向

制度信任的概念源自社会学对于信任的研究。拉哈曼（Luhman，1979）提出信任是一种社会结构和文化规范现象，是嵌入社会结构和制度之中的一种功能化的社会机制。格芬（Gefen，2003）提出制度信任是人们在特定环境下对保障措施、安全网络，或其他与个体无关的结构体系保障的安全感。陈蕾（2016）研究指出，消费者在进行电子商务活动时，非常重视交易环境，电子商务的环境因素包括第三方保障机制和法律保障机制（李立，2010）。

综上所述，本书将网络环境和制度倾向定义为：消费者和其他利益相关者作为信任主体，在充满不确定性和风险的电子商务环境下，对于互联网技术系统和法律制度，能够按照主体期望维护其利益的信心，以及基于这种信心，信任主体表现出的各种积极行为意向。

3.2.2 感知风险的维度

1. 售后感知风险

售后感知风险是消费者在网络购物过程中，对所购买的产品在质量、性能等方面达不到先前期望效果，不能享受合理售后服务或售后服务不完善的一种担心。网络购物的特点是以数字化的方式呈现给消费者，不管产品信息多么翔实、产品图片多么逼真，始终是数字化信息。此外，网上购物是先成交后交货，消费者在物流配送到达之前了解产品信息可能不够充分，不能通过直接触摸、直接感受等方式对产品的性能和质量进行判断，消费者可能对收到的商品不满意，因而引起消费者售后感知风险。消费者在跨境零售电商平台这一特殊消费情境中，只能接收到境外商品信息，而不能接触商品本身，甚至所购境外商品在境内实体商店也比较少见，产品实物与产品信息相分离。

相关研究者提出电子商务公司应提供明确的产品退货政策（Gray，2000）和产品回收办法（Turban et al，2004），允许消费者退回不想要的或有缺陷的商品（Agarwal & Venkatesh，2002）。

2. 配送感知风险

配送感知风险是消费者在上网购物过程中对送货过程中可能造成的产品破损或丢失的一种担心（叶乃沂，2008）。消费者在线购买商品完成货款支付后，跨境零售电商平台要通过第三方物流公司将商品送到消费者指定的地址。在配送过程中，消费者由于信息不对称，难以判断物流公司的配送质量，送货上门后产品的状况及送货的可靠性，可能导致消费者面临配送过程中的损失。由此，跨境零售电商平台的在线购物更可能产生令人不愉快的配送后果，消费者对于这种可能性会有所担忧，这就导致售后感知风险。

众多学者研究了配送问题，研究发现消费者需要声誉良好的物流公司提供合理的收费、可靠的配送服务选项。特本（Turban，2004）等研究发现，网购消费者总是希望尽快获得配送服务，物流公司的配送速度和服务质量会影响消费者的满意度。

3.2.3 购买意愿的维度

1. 重复购买意愿

跨境零售电商平台消费者重复购买意愿是指消费者对该平台的连续使用意愿，消费者未来会再次在该平台购买境外商品。网上顾客重复购买是电子商务行业的关键问题，消费者重购意愿在之前的研究中得到了广泛的重视。金和古普塔（Kim & Gupta，2009）提出重复购买的顾客带来的利润是新顾客的5倍，但是超过50%的重复购买顾客很少有第三次的购买行为。电子商务企业竞争日益激烈、服务要求不断提高，消费者网络环境下重购意愿相较于传统购买环境所受的影响更多，更为不易。李玉萍（2011）通过三个层面分析顾客网上重购意愿的影响因素，探析重购意愿的影响因素，进而研究顾客的购买感知变化，从而帮助电子商务企业创造连续增长效应。由此，消费者重复购买意愿作为购买意愿的一个维度脱颖而出。

2. 公开推荐意愿

跨境零售电商平台消费者公开推荐意愿是指消费者对于该平台的产品

经过购买和使用会推荐给他人的一种主观意愿。公开推荐意愿作为消费者购买意愿的一种鲜少出现在相关文献中。然而，随着电子商务与社交网络的逐步融合，消费者可以通过在线评价、网络分享、推荐互动等电子商务的社会化功能帮助促进网络交易的达成。传统的购买环境下，相同兴趣的好友推荐产品、使用过程中可靠性和有用性的认可等都会帮助消费者建立初始信任，从而促进购买意愿的产生。同样地，在网络购买环境下，网络好友的推荐、使用过程的安全认可等也会帮助消费者建立初始信任，从而刺激购买意愿的产生。即使是没有任何网络购买经验的消费者，也会因为社会互动和社会推荐产生购买意愿。多兹和泽丝曼尔（Dodds & Zeithaml，2002）提出惠顾意愿的定义，他们认为惠顾意愿不仅包括本人愿意去某特定商店的可能性，还包括将此商店推荐给他人的可能性。由此，本书选取公开推荐意愿作为消费者购买意愿的另一个重要维度。

3.2.4　电子商务特性的维度

1. 信息过载性

信息过载性是指信息的数量或产生的速度超过个人所能接受和处理的范围。随着互联网的发展和电子商务的普及，用户在享受电子商务所带来的便利的同时，信息过载、信息冗余等问题也随之而来。当信息过载时，消费者在浏览商品信息过程中获得有效信息的收益小于搜索商品、浏览商品信息所花费的时间和精力成本，从而导致消费者出于时间成本考虑可能会放弃从平台筛选到的商品，关闭一些不常使用的功能，转而向有过交易往来的商家购买或转向单一类型产品销售平台购买。

杨等（Yang et al, 2013）研究提出，信息过载引发网络媒体用户的倦怠和焦虑，通过思维抑制的中介作用，影响消极使用意愿。王娜和任婷（2015）提出信息过载对人的日常生活产生一定负面影响，主要表现在信息利用率低、影响用户心理健康、影响人际交往三个方面。邱佳青等

（2016）基于信息系统成功模型，提出信息过载和信息质量引发用户不良情绪进而间接影响网络用户信息屏蔽意愿，其中信息过载影响程度最大。李等（Lee et al，2016）以压力应对理论为基础，将 SNS 用户情感作为研究对象，发现信息过载与社交网络疲劳之间显著正相关。刘鲁川等（2017）根据扎根理论，构建了社交媒体消极使用行为模型，研究发现从环境因素来看，信息量过大、传播速度过快等信息过载情况是干扰用户对信息有效识别的首要原因。张敏等（2019）基于使能和抑能双重分析视角，采用扎根理论的方法构建模型，研究发现信息过载等情境因素促进了用户的消极使用行为。

2. 功能兼容性

功能兼容性是指网站系统设计中包含多选功能和应用所带来的技术方便性和全能性。电子商务平台尤其是跨境进口零售电商平台，逐步实现了全方面和多功能，不仅是消费者购买商品和服务的重要渠道，更是用户获取信息、传播信息、交流信息、沟通合作、满足娱乐需求的一个重要平台。但出人意料的是，电商平台功能的兼容性并未对消费者购买意愿产生提升，反而消减了消费者的购买热情。消费者在真正挑选和购买商品时，很可能出于简单、便捷的角度，或更信任单一使用功能的电商平台的角度，放弃具有功能兼容性的电商平台，而偏爱使用功能单一化的电商平台。

罗斯和斯迪勒（Lohse & Spiller，1998）研究发现，大型网上商店将流量转化成销量方面比小商店效果差，因为消费者很难找到他们所需的商品。网站信息可以帮助消费进行选择，但要避免在网站提供过多的信息，当消费者面对过量的信息可能导致产生信息超载的情况，消费者感觉无所适从，反而影响购买意愿，进而影响购买决策。李和金（Lee & Kim，2013）将韩国 B2C 企业作为研究对象，构建电子商务成功的 6 个关键要素，并将它们归为三大类。第一大类是组织要素，包括客户互动和高层领导支持；第二大类是网站设计技术的方便性，即兼容性（compatibility）；

第三大类是相关的技术与性能指标，包括信息系统专家、信息系统安全和
系统体系结构。

3.3 研究假设

3.3.1 信任倾向与感知风险的研究假设

1. 电商平台信任倾向与感知风险的研究假设

互联网的发展和信息技术的进步使得电子商务平台成为一种广为接受
的商务网站，因而越来越多的研究开始关注电子商务平台信任倾向对于消
费者感知风险的影响（Jarvenpaa，Tractinsky & Vitale，1999；Gefen，
2000；Palvou，2003；Andrew et al，2004）。

电子商务交易具有虚拟性和电子化的特点，跨境商务更是具有较强的
时空扩展性，传统购买模式中的交互活动无法开展，处于信息不对称下劣
势地位的消费者缺乏对交易的控制，将会面对更多的交易不确定性和机会
主义威胁。这些情况都导致消费者在跨境网购情境下的感知风险高于一般
电子商务感知风险，更高于传统购买模式下的感知风险。由于信任作为一
种简化机制能够弥补信息的不足和理性的认识，将会降低交易过程中复杂
性和不确定性（Luhman，1979，1988；Grabnner & Kaluseha，2003），因
此本书认为对于电商平台的信任倾向也会降低消费者购买行为过程中感知
风险的程度。

在信任的影响因素研究中，学者研究较多的是网站、网络商家、电商
平台等信任客体的相关因素，比如网站技术、界面设计、隐私和安全保
护、网站声誉等。安德鲁（Andrew，2004）等提出网上零售商的声誉和规
模是影响消费者购物信任的两个基本因素，并且信任与感知风险之间呈现
负相关关系。吕小静（2019）提出鉴于部分在线供应商的不规范操作以及

电子商务自身具有的互联网属性，部分消费者对电子商务模型缺乏信心，增加了消费者网络购物的风险，并且提出电子商务技术的可靠性与B2C在线交易的风险成反比。

根据以上讨论，作如下假设：

H1：电商平台信任倾向对售后感知风险具有负向影响。

H2：电商平台信任倾向对配送感知风险具有负向影响。

2. 个人信任倾向与感知风险的研究假设

除关注网站、电商平台、供应商等信任外部影响因素外，部分学者关注信任主体——消费者本身的相关因素，比如消费者个人信任倾向、消费者具备的知识和经验、消费者风险偏好等。从目前研究来看，以上因素中被关注和研究得最多的是消费者个人信任倾向，个人信任倾向在初始信任建立中发挥首要作用。

信任倾向是个人的人格特征，代表个人信任和依赖他人的意愿。不同的消费者具有不同的信任倾向（吕小静，2019），一个具有较高信任倾向的个体比具有较低信任倾向的个体更容易与他人发展亲密关系，对于新生事物更容易产生信赖感（杨翩，2016）。信任倾向强的消费者更容易信任他人，会主动对电商平台进行了解，从而忽略一些负面信息，进而感知风险的程度也会较低（贺明华，2018）。樊林（2018）提出信任倾向对感知安全风险具有显著负向影响。

根据以上讨论，作如下假设：

H3：个人信任倾向对售后感知风险具有负向影响。

H4：个人信任倾向对配送感知风险具有负向影响。

3. 网络环境和制度信任倾向与感知风险的研究假设

目前，部分学者关注了环境类信任因素，考察了其对消费者感知风险的影响，但对制度类信任因素关注较少。瑞特内思玛（Ratnasingma，2002）提出技术信任的概念，认为技术信任是对技术结构有能力保证交易完成的信念，是一种技术系统信任。卢梭（Rousseua，1998）提出基于制度的信任始终是信任形成的基础。玛塞拉（Marcella，1999）提出网络本身就是一种信任的对象。陈蕾（2016）研究指出消费者在进行电子商务活动时，非常重视交易环境，电子商务的环境因素包括第三方保障机制和法律保障机制（李立，2010）。

我国目前电子商务法规正在不断完善中，电子商务交易的法律依据是消费者利益的强有力保障，消费者对电子商务的信任不断提升，将会减弱感知风险的程度（吕小静，2019）。学术界认为信任是维持消费者、服务提供方和平台运营商三者关系中必不可少的一个要素（Ert，2016），信任可以降低消费者感知风险程度（Tan，2010），提高消费者持续共享意愿（Mohlmann，2015）。同时，政府监督对提升消费者信任具有显著正向影响，行业自律监管机制是对市场监管机制的有效补充（Hartl，2015）。贺明华等（2018）构建了监督机制对感知风险、消费者信任和持续共享意愿之间的模型，通过结构方程模型实证研究变量间的作用机理，结果表明，政府监管对消费者感知风险具有显著负向影响，而行业自律监管对感知风险不具有显著负向影响，政府监管与行业自律组织的交互作用对感知风险具有显著负向影响。

根据以上讨论，作如下假设：

H5：网络环境和制度信任倾向对售后感知风险具有负向影响。

H6：网络环境和制度信任倾向对配送感知风险具有负向影响。

3.3.2 信任倾向与购买意愿的研究假设

1. 电商平台信任倾向与购买意愿的研究假设

众多学者研究表明基于网站、商家、平台的信任倾向与购买意愿之间呈现正向相关性（Verhagen & Dlen，2009；Lee et al，2009；Zhang et al；2011；曹玉枝，2012；）。维哈根和德兰（Verhagen & Dlen，2009）研究表明在线商店的商品和氛围显著影响消费者购买意愿。曹玉枝（2012）研究表明商家的特征显著正向影响消费者网络购物意向，商家声誉被证实会直接或间接地正向影响消费者网络购物意愿（Koufaris & Hampton-Sosa，2004；Liu & Zhou，2007；Chen & Barnes，2007）。李（Lee，2009）等提出网站的信息满意度和系统满意度会影响网站的实用性和有效性，进而影响顾客行为态度，最后影响顾客的重复购买意愿。李（Lee，2011）等基于技术接受模型的扩展模型，构建了顾客网络购物意愿的影响因素模型，研究发现顾客对网站的信任度正向影响了重购意愿。张（Zhang，2011）等研究发现顾客对网站的不信任对顾客与供应商的关系质量呈负向影响，从而负向影响购买意愿。桑（Sun，2014）基于社会资本理论和技术接受理论研究中国用户社交网站的连续使用意愿，研究证明用户对网站的信任正向影响社交网站的连续使用意愿。

根据以上讨论，作如下假设：

H7：电商平台信任倾向对重复购买意愿具有正向影响。

H8：电商平台信任倾向对公开推荐意愿具有正向影响。

2. 个人信任倾向与购买意愿的研究假设

信任倾向的相关研究表明，信任倾向能有效提升消费者的购买意愿，两者之间存在显著的正相关关系。

贺明华等（2018）通过结构方程模型实证研究表明，消费者信任倾向对持续共享意愿有显著正向影响。瑞尼尔（Rauniar，2014）等在技术接受模型的基础上探讨了脸书用户使用的主要影响因素，研究指出感知有用性和客户信任倾向正向影响用户的使用意愿。莫赞和罗敏瑶（2019）基于详尽可能性模型，构建网络评论对购买决策的影响，其中选取信任倾向作为模型的调节变量，将信任倾向分为高和低两组，分析两组信任倾向分别对评论质量和购买决策之间的调节作用，结果证明信任倾向会调节评论质量和购买决策之间的关系。

根据以上讨论，作如下假设：

H9：个人信任倾向对重复购买意愿具有正向影响。

H10：个人信任倾向对公开推荐意愿具有正向影响。

3. 网络环境和制度信任倾向与购买意愿的研究假设

相关学者发现，网络安全对网络购买意愿具有显著的正向影响。尽管，当前随着加密技术、认证技术、数字签名等先进技术的出现，互联网安全已经取得了长足的进步，但是消费者仍然担心自身的信息安全、隐私保护、财务安全等。埃利奥特和福韦尔斯（Elliot & Fowell，2000）提出，大多数网站的确提供了保障用户交易安全和信息安全的保护政策，但是并没有提供如何保护用户交易和信息安全的具体的详细信息。彭宁顿（Pennington，2004）基于理性行为理论模型，提出 B2C 交易中的网络环境信任正向影响网络卖家信任，网络卖家信任正向影响消费者购买意愿。

此外，对于制度的信任倾向也会显著影响消费者购买意愿。研究指出消费者在进行电子商务活动时，非常重视交易环境（陈蕾，2016）。电子商务的环境因素除了第三方保障机制，还应包括法律保障机制（李立，2010）。相较于环境信任倾向，学术界对于制度信任倾向的研究较少，但相关学者越来越认识到电子商务交易的法律依据是消费者利益的强有力保障，消费者对电子商务的信任不断提升，将会减弱感知风险的程度（吕小静，2019）。哈特尔（Hartl，2015）等研究表明政府监督提升消费者信任具有显著正向影响，行业自律监管机制是对市场监管机制的有效补充。贺明华等（2018）构建监督机制对感知风险、消费者信任和持续共享意愿之间的模型，通过结构方程模型实证研究变量间作用机理，结果表明政府监管对消费者购买意愿具有显著正向影响。

根据以上讨论，作如下假设：

H11：网络环境和制度信任倾向对重复购买意愿具有正向影响。

H12：网络环境和制度信任倾向对公开推荐意愿具有正向影响。

3.3.3 感知风险与购买意愿的研究假设

1. 售后感知风险与购买意愿的研究假设

贺明华等（2018）通过结构方程模型实证研究表明，感知隐私风险与消费者持续共享意愿呈显著负相关关系。李（Lee，2009）的实证研究表明，包括安全和隐私的感知风险显著负向影响在线银行的使用行为。周涛等（2009）的研究也显示，安全风险和隐私风险通过感知价值和信任的中介作用显著负向影响消费者的移动商务接受行为。巴普卢和格芬（Pavlou & Gefen，2004）提出电子商务交易中的隐私风险是比经济风险还要重要的一种风险，它会严重影响消费者的购买意愿。本书将感知隐私风险、感知金钱损失风险、感知产品效果风险等风险类型归纳到感知售后风险的范畴，根据上述讨论，本书假设售后感知风险对购买意愿有负向影响。

根据以上讨论，作如下假设：

H13：售后感知风险对重复购买意愿具有负向影响。

H14：售后感知风险对公开推荐意愿具有负向影响。

2. 配送感知风险与购买意愿的研究假设

叶乃沂（2014）提出感知配送风险是消费者在线购物过程中对配送方在送货过程中可能造成产品丢失、产品损坏、时间拖延的一种担心。消费者完成在线支付后，商家一般通过第三方物流机构配送到指定的地址。由于信息不对称，消费者难以判断商品状况以及在配送过程中可能发生的损失。因此，消费者对配送过程中可能会存在的不愉快后果有所担忧，这就导致消费者配送感知风险的发生。

相关学者对于网络交易的配送问题展开研究，研究证明消费者希望获得快速的配送服务（Turban et al，2004）。阿格拉沃尔和文卡塔斯（Agrawal & Venkatesh，2002）、雷（Ray，2001）、王（Wang，2003）通过研究表明消费者需要声誉良好的物流公司提供收费合理、安全可靠的物流服务。厄本、苏丹和奎尔斯（Urban，Sultan & Qualls，2003）提出消费者依靠对网络商店的信任来选择网络购物商店，其中重要的一点就是相信该商店能够较好地完成配送。阿巴（Alba，1997）提出消费者对物流公司的印象和满意度会影响其购买决策。王子贤和吕庆华（2018）认为在跨境网购情境下消费者不管在平台订货阶段、在线支付阶段，还是物流配送阶段，都不可避免地暴露在风险之下，感知风险的程度若能有效降低就可以有效促进消费者在不确定条件下产生交易意愿。埃斯佩（Esper，2003）等指出消费者希望的送货时间、对产品的状况感知、配送满意度、物流公司可靠性均会影响消费者购物态度和购物决策。

根据以上讨论，作如下假设：

H15：配送感知风险对重复购买意愿具有负向影响。

H16：配送感知风险对公开推荐意愿具有负向影响。

3.3.4 感知风险对信任倾向与购买意愿中介作用的研究假设

在电子商务领域的初期研究中，信任只是简单地作为单一变量出现，学者主要研究信任与意愿之间的相关性。但随着学者们对消费者信任理论的深入研究，信任不仅可以单独对行为产生影响，也会通过感知风险的中介作用（先产生信任进而降低感知风险）影响行为意图。消费者对新鲜事物进行了解产生信任后，有助于降低感知风险的程度，进而影响购买意愿。

大量的研究结果表明，信任可以通过改变买卖双方关系降低消费者的感知风险，对于消费者电商环境下的购买意向具有直接或间接的促进作用（Ganesan，1994；Jarvenpaa & Tractinsky，1999；Gefen，2002）。信任能够影响人们对于风险的认识，从而影响人们的行为（Ratnasingma & Pavlou，2003；Stewart，2003），消费者的高信任感减少了网上购物所感受到的风险并更乐意在这家商店买东西（Heijden et al，2000）。金立印（2007）的

53

研究表明,感知风险在购买倾向和公司信任倾向、服务保证和顾客预期满意之间起到中介作用。吉利安(Jillian,2015)等建立了消费者在线再次购物行为模型,分析结果显示信任影响感知风险进而对网上购物满意度起作用。

根据上述讨论以及消费者信任倾向、感知风险和购买意愿两两之间关系的分析,本书对消费者信任倾向、感知风险和购买意愿的关系作出如下假设:

H17:感知风险在信任倾向与购买意愿之间起中介作用。

H17a:售后感知风险在电商平台信任倾向与重复购买意愿之间起中介作用。

H17b:售后感知风险在电商平台信任倾向与公开推荐意愿之间起中介作用。

H17c:售后感知风险在个人信任倾向与重复购买意愿之间起中介作用。

H17d:售后感知风险在个人信任倾向与公开推荐意愿之间起中介作用。

H17e:售后感知风险在网络环境和制度与重复购买意愿之间起中介作用。

H17f:售后感知风险在网络环境和制度与公开推荐意愿之间起中介作用。

H17g:配送感知风险在电商平台信任倾向与重复购买意愿之间起中介作用。

H17h:配送感知风险在电商平台信任倾向与公开推荐意愿之间起中介作用。

H17i:配送感知风险在个人信任倾向与重复购买意愿之间起中介作用。

H17j:配送感知风险在个人信任倾向与公开推荐意愿之间起中介作用。

H17k:配送感知风险在网络环境和制度与重复购买意愿之间起中介

作用。

H171：配送感知风险在网络环境和制度与公开推荐意愿之间起中介作用。

3.3.5　电子商务特性——过载性和兼容性对信任倾向与购买意愿调节作用的研究假设

本书重点关注电子商务特性——过载性和兼容性，是因为相比其他信任和购买意愿的影响因素而言，电子商务特性更容易被消费者直接感受到并触动消极使用行为，电商平台也容易忽略这类电子商务特性对电商平台的影响。电商平台运营商若能在短期内对这类因素进行改进，就能提升消费者信任，最终达到提升消费者购买意愿的目的。对于提供交易和服务的平台类购物网站而言，网站的设计是吸引消费者的有效手段。相关学者研究表明电子商务特性是影响消费者购买行为的重要因素（Agarwal & Venkatesh，2002），相较于其他电子商务成功因素，信息过载性和功能兼容性对于用户消极使用行为和倦怠情绪有非常关键和突出的影响作用（Cherubini，2010；Yang，2013；Lee et al，2016；Zhang et al，2015；刘鲁川，李旭，张冰倩，2017；邱佳青，裴雷，孙建军，2016），这也使得研究这两类电子商务消极特性的影响作用更有实践指导意义。目前，从现有电子商务特性研究领域有关消费者信任和购买意愿关系的文献回顾来看，电子商务信任研究领域本身较多关注电子商务特性对消费者信任、购买意愿、购买决策等单一变量的影响，考察电子商务消极特性的文献鲜见，尤其是考察电子商务消极特性对于消费者信任和购买意愿关系的调节作用的文献基本没有。本书认为研究和探讨信息过载性和功能兼容性对于消费者信任和购买意愿的影响作用机理将具有十分重要的理论意义和实用价值。

具体而言，电子商务平台信息过载性与消费者信任倾向和消极行为之间存在交互关系。消费者在享受电子商务所带来生活便捷的同时，信息过载、信息冗余也随之而来。当消费者面对电商平台给出的海量商品信息和

55

铺天盖地的推送服务时，信息量超过个人能够处理和接受的范围，会引发消费者焦虑和倦怠情绪（王娜和任婷，2015；邱佳青，裴雷，孙建军，2016），从而影响消费者的心理健康状况，进而降低了消费者的个人信任倾向。信息过载性会干扰消费者对商品信息有效识别，消费者无法避免冗余信息的干扰，很难从海量商品信息中有效挑选出切合自己需要的产品，进而影响了消费者对该电商平台可靠性、便捷性、安全性的认可程度，最终降低了消费者对电商平台的信任倾向。消费者对于网络环境和制度的信任也可能随之受到影响。由此，本书认为电子商务平台信息过载性将会在一定程度上降低消费者的信任倾向，进而影响消费者的购买意愿。

此外，电子商务平台功能兼容性与消费者信任和消极行为之间也存在交互关系。随着电子商务平台尤其是跨境零售电商平台逐步实现全方面和多样化的功能。消费者不仅可以在跨境零售电商平台购买海外商品，还可以在该平台获取信息、传播信息、交流信息、沟通合作和满足娱乐需求。然而，随着电商平台功能的不断增强，消费者对具有多样化功能的电商平台的信任和认可反而比不上单一功能的电商平台，比如消费者购买家电会首选京东，而不会选择淘宝旗下的各电商平台。消费者认为单一功能的电商平台，在产品和服务上会更专业和统一，由此功能兼容性反而降低了消费者对电子平台的信任倾向。当面对功能强大、略显繁杂的平台界面，消费者内心会产生抵触心理，他们更愿意在简单统一的界面搜索所需商品，由此功能的兼容性也会在一定程度降低消费者个人信任倾向。同样地，消费者对网络环境和制度的安全性和可靠性也会产生怀疑。

根据上述讨论，本书对电子商务特性对消费者信任倾向和购买意愿关系的调节作用作出如下假设：

H18：电子商务特性（即，信息过载性和功能兼容性）负向调节信任倾向与购买意愿之间的关系。

H18a：信息过载性负向调节电商平台信任倾向与重复购买意愿之间的关系。

H18b：信息过载性负向调节电商平台信任倾向与公开推荐意愿之间

的关系。

H18c：信息过载性负向调节个人信任倾向与重复购买意愿之间的关系。

H18d：信息过载性负向调节个人信任倾向与公开推荐意愿之间的关系。

H18e：信息过载性负向调节网络环境和制度与重复购买意愿之间的关系。

H18f：信息过载性负向调节网络环境和制度与公开推荐意愿之间的关系。

H18g：功能兼容性负向调节电商平台信任倾向与重复购买意愿之间的关系。

H18h：功能兼容性负向调节电商平台信任倾向与公开推荐意愿之间的关系。

H18i：功能兼容性负向调节个人信任倾向与重复购买意愿之间的关系。

H18j：功能兼容性负向调节个人信任倾向与公开推荐意愿之间的关系。

H18k：功能兼容性负向调节网络环境和制度与重复购买意愿之间的关系。

H18l：功能兼容性负向调节网络环境和制度与公开推荐意愿之间的关系。

3.4　本章小结

本章首先提出了本研究的理论模型，明确了消费者信任倾向、感知风险、购买意愿及电子商务特性（信息过载性和功能兼容性）之间的逻辑关系和模型结构。其次，对模型各变量的结构和内涵展开分析。消费者信任倾向分为电商平台信任倾向、个人信任倾向、网络环境和制度信任倾向三个维度，感知风险分为售后感知风险和配送感知风险，购买意愿分为重复购买意愿和公开推荐意愿两个维度，电子商务（消极）特性分为信息过载性和功能兼容性两个维度。根据研究模型，本书实证研究共分为三个子研究。子研究一重点关注信任倾向对于感知风险的影响、信任倾向对于购买意愿的影响、感知风险对于购买意愿的影响；子研究二重点关注感知风险对信任倾向与购买意愿的中介作用；子研究三重点关注电子商务特性对信任倾向与购买意愿的调节作用。

第4章

数据来源及变量测度

为了进一步研究信任倾向、感知风险和购买意愿之间的内在作用机理，在第3章理论模型及研究假设的基础上，本章从调查问卷设计、量表的测度、数据采集与检验方法等方面对本书的实证分析背景进行描述，以便于对第3章理论假设的正确性进行论证及第5～第7章的实证研究。

4.1 调查问卷设计

调查问卷方法是建立在系统的理论框架基础上的一种探索性的实证分析方法，通过寻求某种可靠严谨的测量工具直接获取具有信息价值的统计数据，再经过客观分析测量所得数据来验证理论假设，运用量化的研究方法，来达到归纳客观社会规律的目的。本研究的调查问卷设计，主要涵盖信任倾向、感知风险、购买意愿和电子商务特性（信息过载性和功能兼容性）的相关构成维度，同时要求问卷的内容和数据要符合因子分析和结构方程模型的范式需要。根据上述要求，本次研究的调查问卷设计包含两方面内容。调查问卷具体内容见本书附录。

（1）消费者基本情况：消费者是否通过跨境零售电商平台购买过境外产品；消费者最常选择的跨境零售电商平台；消费者的性别、年龄、受教育程度、职业等基本信息。

（2）正式调查问卷，包含四部分内容。第一部分，信任倾向，具体包括电商平台信任倾向、个人信任倾向、网络环境和制度信任倾向。第二部分，感知风险，具体包括售后感知风险和配送感知风险。第三部分，购买意愿，具体包括重复购买意愿和公开推荐意愿。第四部分，电子商务特性，具体包括信息过载性和功能兼容性。

本书通过调查问卷的方式搜集基于跨境零售电商平台情境下被调查者的信任倾向、感知风险、购买意愿和电子商务特性的相关数据。为保证调查问卷的可靠性、准确性和有效性及高质量，本书依照以下步骤展开问卷设计：

（1）文献回顾。笔者搜集了 2014 年以来国内外关于消费者信任、感知风险、购买意愿和电子商务特性的相关文献，通过文献的阅读和梳理，归纳整理出与本书具有相同研究内容的变量测量题项。本书调查问卷在优先使用国内外经过检验的成熟量表题项的基础上，结合本研究的模型设计和框架思路，初步编制本研究所用的各部分量表。

（2）条款翻译。鉴于外文文献经过翻译后往往不能准确表达其原有的真实含义，致使研究结果出现偏差。本书采用对译的方式，请一位翻译者将英文量表的题项逐条翻译成中文量表的题项，再请另一位翻译者将此中文量表的题项翻译为英文量表的题目，两相对比，确定本研究所设计的量表能够准确反映英文原文的准确含义。

（3）专家访谈。笔者邀请 3 位电子商务领域的专家和教授以及 5 名在读博士生对初始问卷进行探讨，对量表的条款进行适当的删减、合并、增补及完善。

（4）消费者访谈。笔者邀请 20 位有过在跨境零售电商平台上购买进口产品经历的消费者进行焦点小组访谈，对量表进一步进行修改和补充，对于调查问卷中某些题项的表述进行调整和修改，以便消费者正确理解。

（5）量表的最终编制。在完成上述四项工作的基础上，形成本研究所要使用的最终调查问卷。

4.2　量表的测度

本书根据第 3 章的理论模型及研究假设，设计出四个变量的测量量表，主要包括以下几个部分：一是信任倾向的测度，由电商平台信任倾向、个人信任倾向、网络环境和制度信任倾向三个潜变量构成；二是感知风险的测度，由售后感知风险和配送感知风险两个潜变量构成；三是购买意愿的测度，由重复购买意愿和公开推荐意愿两个潜变量构成；四是电子商务特性的测度，由信息过载性和功能兼容性两个潜变量构成。本研究的测量量表主要来源于国内外相关研究的成熟量表，对于某些量表进行修改和完善，以便于更贴近跨境零售电商平台这一特殊的消费情境。某些变量没有成熟量表可以借鉴，笔者在深入了解该变量的内涵和维度的基础上，通过消费者深度访谈，设计出较为适合的测量题项，并通过了专家的讨论和认可。笔者从研究模型和研究内容出发，借鉴国内外已有成熟量表，参考专家的修改建议，最终形成本次研究所要使用的调查量表测度体系。本研究的调查问卷采用 Likert 7 级量表打分，对各题项的表述进行测度，1~7 表示赞同程度从最低到最高，其中，"1" 表示完全不赞同，"2" 表示不赞同，"3" 表示有点不赞同，"4" 表示中立，"5" 表示有点赞同，"6" 表示赞同，"7" 表示完全赞同。

4.2.1　信任倾向的测度

本书通过构建一个由电商平台信任倾向、个人信任倾向、网络环境和制度信任倾向三个潜变量构成的测度量表，来测度信任倾向。三个潜变量的测量题项从扎特尔曼（Zaltman，1993）、吉利和格雷姆（Gilly & Graham，1998）、萨姆利等（Samli et al，1998）、维斯和安德森（Weiss & Anderson，1999）、班萨克和沃耶尔（Bansak & Voyer，2000）、奇尔德斯等（Childers et al，2001）、瑞甘马森和甘纳帕斯（Rangamathan & Ganapa-thy，2002）、麦克奈特和乔杜里（Mcknight & Chervany，2002）、沃尔芬巴格和吉利（Wolfinbarger & Gilly，2001）、伯纳姆等（Burnham et al，2003）、科比特（Corbitt，2003）、科发雷斯和汉普顿 - 索萨（Koufaris & Hamton-Sosa，2004）、巴普卢和格芬（Pavlou & Gefen，2004）、博尔顿等（Bolton et al，2004）、帕克和李（Park & Lee，2007）、熊焰（2007）、哈桑施泰因（Hassanein，2007）、陈（Chen，2007）、叶乃沂（2008）、周俊华（2010）、李华敏（2013）、王江坤（2015）、郭燕（2016）、陈瑞丽（2016）、李元旭（2017）等相关研究成果中的成熟量表中挑选、针对跨境零售电商平台这一特殊消费情境，参考专家的指导建议，结合消费者深度访谈的反馈情况最终确定的，具体的测量题项如表 4 - 1 所示。

表 4 - 1   信任倾向的测度量表

维度	题项内容	题项来源
电商平台信任倾向	我认为该跨境零售电商平台诚信度很好（A11）	Childers et al（2001）；Rangamathan & Ganapathy（2002）
	我认同、欣赏该跨境零售电商平台（A12）	
	我认为跨境零售电商平台是值得信赖的（A13）	
	我认为跨境零售电商平台海外产品更新速度快（A14）	
	我认为该跨境零售电商平台是大规模、有实力的企业（A15）	
	我认为该跨境零售电商平台有严格的商家入驻制度和监管制度，不会容许欺骗消费者（A16）	
个人信任倾向	我认为世界上的大多数人是信守承诺的（A21）	Mcknight & Chervany（2002）
	我认为世界上的大多数人是充满善意的（A22）	
	即使我没有相关知识与经验，我也愿意相信他人（A23）	
	我与他人交往的原则是信任他人，直到我不能证明他们是可信任的（A24）	

维度	题项内容	题项来源
网络环境和制度信任倾向	我认为网络环境发展已经比较安全、成熟（A31）	熊焰（2007）；叶乃沂（2008）
	我认为该跨境零售电商平台所在国的法律制度能够保证交易双方的权利和义务（A32）	
	我对先进加密技术能保证安全地在网上交易感到有把握（A33）	
	我认为现有网络技术足以保护我在网上交易时不出问题（A34）	

4.2.2 感知风险的测度

本书通过构建一个由售后感知风险和配送感知风险两个潜变量构成的测度量表，来测度感知风险。两个潜变量的测量题项是根据斯特拉德和肖恩（Strader & Shaw, 1997）、古普塔等（Gupta et al, 2004）、潘煜等（2010）、杨晓菊（2012）、赵依娜（2013）、叶乃沂（2014）、徐美娟（2016）、陈璐等（2016）、徐林玉等（2017）、李元旭（2017）等相关研究中的成熟量表，针对跨境零售电商平台这一特殊消费情境，参考专家的指导建议，结合消费者深度访谈的反馈情况，最终确定的。具体的测量题项如表 4-2 所示。

表 4-2   **感知风险的测度量表**

维度	题项内容	题项来源
售后感知风险	在该跨境零售电商平台上购买的商品配送时间可能比较长（B11）	叶乃沂（2014）；李元旭（2017）
	对该跨境零售电商平台上购买的商品不满意，等待退货或维修等解决问题时间过长（B12）	
	由于频繁调整价格，在该跨境零售电商平台上购买的产品在购买后可能降价（B13）	

续表

维度	题项内容	题项来源
配送感知风险	该跨境零售电商平台上购买的商品在配送过程中可能发生丢失（B21）	Strader & Shaw（1997）；叶乃沂（2014）
	该跨境零售电商平台上购买的商品送货时可能送错地址（B22）	
	在该跨境零售电商平台上购买的海外商品容易产生较高的配送成本（B23）	
	该跨境零售电商平台上购买的商品在配送过程中可能配送错误的商品（B24）	

4.2.3 购买意愿的测度

本书通过构建一个由重复购买意愿和公开推荐意愿两个潜变量构成的测度量表，来测度购买意愿。两个潜变量的测量题项是根据格鲁瓦尔（Grewal，1991）、普特雷武（Putrevu，1994）、泽丝曼尔（Zeithaml，1996）、桑里尼瓦桑等（Srinivasan et al，2002）、楼尊（2010）、董瑞（2013）、李凌慧（2016）等相关研究中的成熟量表，针对跨境零售电商平台这一特殊消费情境，参考专家的指导建议，结合消费者深度访谈的反馈情况，最终确定的。具体的测量题项如表4-3所示。

表4-3　　　　　　　　　　　购买意愿的测度量表

维度	题项内容	题项来源
重复购买意愿	我经常访问该跨境零售电商平台（C11）	Putrevu（1994）；Zeithaml（1996）
	我认为该跨境零售电商平台是我购买同类产品的最佳选择（C12）	
	我会在未来继续购买该跨境零售电商平台的其他产品或服务（C13）	
	我更愿意尝试该跨境零售电商平台提供的新产品或服务（C14）	
	如果购买进口产品，使用该跨境零售电商平台购买的可能性比较大（C15）	

续表

维度	题项内容	题项来源
公开 推荐 意愿	我会主动向他人推荐这个跨境零售电商平台（C21）	Srinivasan et al （2002）; Grewal（1991）
	当有人询问我购买境外商品的意见时,我会推荐该跨境零售电商平台的产品（C22）	
	我会在跨境零售电商平台上留下积极评价（C23）	
	我会向亲朋好友推荐购买该产品（C24）	
	我愿意公开分享该跨境零售电商平台的优点（C25）	

4.2.4 电子商务特性（即,信息过载性和功能兼容性）的测度

本书通过构建一个由信息过载性和功能兼容性两个潜变量构成的测度量表,来测度电子商务特性。针对跨境零售电商平台这一特殊消费情境,参考专家的指导建议,结合消费者深度访谈的反馈情况,最终选取刘鲁川等（2018）和张敏等（2019）的测量题项,具体的测量题项如表4-4所示。

表4-4 **电子商务特性的测度量表**

维度	题项内容	题项来源
信息过 载性	我认为在该跨境零售电商平台搜索得到的商品信息太多了,根本看不过来（D11）	刘鲁川、李旭和 张冰倩（2018）
	我对该跨境零售电商平台的广告商品品质持怀疑态度（D12）	
	该跨境零售电商平台推送的内容,大多是标题党,点进去一点内容都没有（D13）	
功能兼 容性	我有时在该跨境零售电商平台搜索境外商品信息,但是通过其他渠道购买商品（D21）	张敏、孟蝶和 张艳（2019）
	我认为该跨境零售电商平台的娱乐性很强,可以满足我的休闲娱乐（D22）	
	我有时在该跨境零售电商平台发表评论,和其他消费者交流信息（D23）	

4.3　数据采集与检验方法

4.3.1　消费者基本数据采集

本书最主要的数据采集方法是在线电子问卷调研，委托问卷星调研平台发放电子问卷。网络电子问卷的发放可以使消费者在类似的环境下填写问卷，以便于有效辨别和证实网络购物者（Edmnoson，1997）。由此，本书正式调查问卷形成后，通过问卷星平台向全国范围内公开发放，总计发放问卷 378 份，剔除无跨境网购经历、作答时间过短、具有异常数据值的无效问卷 112 份，最终获得有效问卷 266 份。

消费者基本数据的获取情况包括消费者跨境进口零售电商平台的购买经历、购买年限及主要选择的购买平台、性别、年龄、职业、可支配月收入等，本书将会对这些调查问卷反馈的基础数据进行描述性统计分析，明确样本数据的均值、标准差、偏度、峰度，从而对样本的基本特征有比较精准的了解。

4.3.2　信度、效度分析

调查问卷的设计是否科学、合理将会直接影响到问卷反馈信息质量的高低，以及最后实证研究结果的科学性和准确性，由此在进行实证分析之前必须对数据进行信度和效度检验，以检测问卷数据的可靠性和稳定性。

信度（reliablity），是指对同一事物的重复测量结果的一致性程度，它能够反映测量工具的稳定性或可靠性，一般用信度系数表示（杜丽强，2011）。信度本身与测量结果的是否正确无关，它的用途在于检验测量本身是否可靠稳定。信度越高说明量表的测量误差越小（Nunnally，1978；吴明隆，2010）。信度根据评价对象的不同，一般分为内在信度和外在信度。内在信度用来衡量表中的某一组问题测量的是不是同一个概念，常用的内在信度系数有 Cronbach's α 系数和分半系数。外在信度也称重测信度，用来衡量同一问卷在不同时间对同一对象进行重复测量，所得结果之间的一致性程度。

效度（validity），是指量表测量题项能否正确衡量潜变量问题的特质及其程度，即调查问卷的有效性。效度高，说明调查问卷的测量结果能显示所测对象的真正特征，问卷有效性强；相反，效度低，说明该调查问卷不能达到测量的目的。效度的测量工具，主要有内容效度、结构效度和效标效度三种。

4.3.3　因子分析

因子分析自瑟斯通（Thurstone）在 1931 年首次提出以来，由于计算机的普及和高速发展，其在经济学、管理学、生物学等众多领域都得到了广泛应用。因子分析的基本目的是用少数几个因子去描述多个变量之间的关系，被描述的变量一般都是能实际观测的随机变量，而那些因子是不可观测的潜在变量（杜丽强，2011）。因子分析的基本理念是要把联系比较密切的变量归为同一种类，而不同种类的变量之间相关性则较低。也就是通过降维的方法将相关性高的变量聚在一起，不仅便于提取容易解释的特征，而且降低了需要分析的变量数目和问题的复杂性。

因子分析主要包括探索性因子分析和验证性因子分析。本书利用 SPSS 21.0 软件对样本数据进行主成分分析，提炼变量的公因子，进一步检验样本数据的可靠性。随后，利用 AMOS 23.0 软件采用结构方程模型进行验证性因子分析，对数据做进一步的拟合程度检验。

4.4　样本的描述性统计分析

调查问卷反馈所得的数据是否具有真实性将直接影响本书的研究结

果。本书对于调查对象的确定以及问卷发放工作环节有比较严格的要求。第一，本书的调查问卷是基于跨境零售电商平台情境，涉及信任倾向、感知风险、购买意愿和电子商务特性等诸多构念，由此，被调查者必须是曾经通过跨境零售电商平台购买过进口商品的消费者，对天猫国际、京东全球购、亚马逊海外购等跨境零售电商平台有一定程度的认识，对于跨境零售电商平台的购买流程有一定程度的了解。由此，笔者在调查问卷中给出了跨境零售电商平台的定义，并进行详细举例说明。第二，基于调研过程的严谨性和完整性，被调查者的地域分布的广泛性，将会极大程度地影响调查数据的真实性和全面性，从而影响本书的研究结果。由此，本书正式调查问卷形成后通过问卷星平台向全国范围内公开发放，调查样本区域分布情况见图4-1。

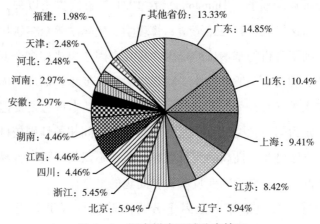

图 4 - 1　调查样本区域分布情况

1. 消费者基本信息

应答者年龄段主要集中在 26 ~ 35 岁，占总样本数的 60.53%；本科及以上学历的占 89.85%；月均可支配收入 5000 元以上的占 82.71%，10000元以上的占 45.49%，15000 元以上的占 14.29%。这说明问卷采集的样本多来源于高学历、中高收入、中青年人群。调查样本的信息情况分析见表 4 - 5。

表 4-5 消费者基本信息

统计项目	项目内容	数量	百分比（%）
跨境零售电商平台	天猫国际	114	42.86
	京东全球购	77	28.95
	网易考拉海淘	23	8.65
	淘宝全球购	20	7.52
	亚马逊海外购	19	7.14
	唯品会全球特卖	5	1.88
	小红书	3	1.13
	苏宁海外购	2	0.75
	蜜芽宝贝	1	0.38
	顺丰海淘	1	0.38
	1 号店的"1 号海购"	1	0.38
购买年限	1 年以内	29	10.90
	2~3 年	152	57.14
	4~5 年	60	22.56
	6 年以上	25	9.40
性别	男	109	40.98
	女	157	59.02
年龄	18~25 岁	42	15.79
	26~35 岁	161	60.53
	36~45 岁	54	20.30
	46~55 岁	8	3.01
	56 岁以上	1	0.38
受教育程度	高中/中专	5	1.88
	大专	22	8.27
	本科	212	79.70
	硕士及以上	27	10.15
职业	在校学生	11	4.14
	个体工商户	13	4.89
	企业员工	102	38.35
	党政机关、事业单位工作人员	125	46.99
	离退休人员	15	5.64

续表

统计项目	项目内容	数量	百分比（%）
可支配月收入	3000 元以下	12	4.51
	3001～5000 元	34	12.78
	5001～10000 元	99	37.22
	10001～15000 元	83	31.20
	15001～20000 元	27	10.15
	20001 元以上	11	4.14

注：表中同一统计项目的分项百分比和不等于100%，是由于小数点后四舍五入造成的误差。

2. 量表数据分布的统计信息

本书利用 SPSS 21.0 软件对问卷数据进行描述性统计分析，计算测量量表各个题项的平均值、标准差、偏度和峰度。其中，峰度和偏度是检验量表数据是否符合正态分布的依据（Kline，2000）。偏度的取值通常在 -3～3，衡量数据集的对称程度。偏度的取值越接近 0，说明数据集越对称，越远离 0，则说明数据集越不对称。峰度是用数据集的四阶中心距来计算的，正态分布的峰度系数为 3，若本书数据的峰度越接近 0，就说明数据集的分布峰度与正态分布越接近，越远离 0，则说明数据集的分布峰度和正态分布越不相似。本书的量表数据描述性统计分析见表4-6，结果显示量表数据的偏度均在 -3～3，峰度基本接近 0。

4.5 量表的检验程序

4.5.1 CITC 检验

CITC 系数，即校正项的总体相关性系数（corrected-item total correlation）。为了净化问卷的题项，在实际应用中我们对获取的数据进行 CITC 检验。一般认为，CITC 值大于 0.5，表明量表的内在信度较好，若 CITC

表 4 - 6　量表数据的描述性分析

题项	N		极小值	极大值	均值		标准差	偏度		峰度	
	统计量	统计量	统计量	统计量	统计量	标准误	统计量	统计量	标准误	统计量	标准误
A11	266	3	7	5.391	0.061	0.993	-0.219	0.149	-0.509	0.298
A12	266	3	7	5.598	0.056	0.911	-0.353	0.149	-0.001	0.298
A13	266	2	7	5.598	0.060	0.971	-0.415	0.149	-0.004	0.298
A14	266	2	7	5.361	0.061	0.997	-0.244	0.149	-0.128	0.298
A15	266	1	7	4.763	0.079	1.289	-0.360	0.149	-0.355	0.298
A16	266	2	7	5.132	0.070	1.147	-0.245	0.149	-0.310	0.298
A21	266	1	7	5.308	0.073	1.186	-0.835	0.149	1.061	0.298
A22	266	1	7	5.301	0.065	1.060	-0.798	0.149	0.969	0.298
A23	266	1	7	5.492	0.071	1.163	-0.750	0.149	0.546	0.298
A24	266	2	7	5.470	0.066	1.079	-0.640	0.149	0.236	0.298
A31	266	3	7	5.451	0.058	0.951	-0.561	0.149	0.091	0.298
A32	266	1	7	5.180	0.067	1.087	-0.630	0.149	0.727	0.298
A33	266	1	7	4.812	0.089	1.460	-0.587	0.149	-0.251	0.298
A34	266	2	7	4.992	0.072	1.182	-0.303	0.149	-0.290	0.298
B11	266	1	7	3.902	0.092	1.502	-0.041	0.149	-0.747	0.298
B12	266	1	7	3.929	0.106	1.724	-0.085	0.149	-1.015	0.298
B13	266	1	7	4.173	0.102	1.664	-0.208	0.149	-0.792	0.298
B21	266	1	7	3.485	0.099	1.607	0.393	0.149	-0.603	0.298

续表

题项	N 统计量	极小值 统计量	极大值 统计量	均值 统计量	均值 标准误	标准差 统计量	偏度 统计量	偏度 标准误	峰度 统计量	峰度 标准误
B22	266	1	7	3.429	0.099	1.622	0.295	0.149	-0.697	0.298
B23	266	1	7	3.658	0.084	1.362	0.142	0.149	-0.395	0.298
B24	266	1	7	3.038	0.094	1.527	0.706	0.149	0.025	0.298
C11	266	1	7	5.421	0.069	1.127	-1.091	0.149	1.902	0.298
C12	266	2	7	5.553	0.072	1.175	-0.789	0.149	0.352	0.298
C13	266	2	7	5.718	0.069	1.126	-0.770	0.149	0.227	0.298
C14	266	1	7	5.541	0.071	1.153	-1.003	0.149	1.749	0.298
C15	266	2	7	5.538	0.062	1.013	-0.750	0.149	0.949	0.298
C21	266	1	7	5.335	0.062	1.012	-0.908	0.149	1.838	0.298
C22	266	2	7	5.312	0.066	1.080	-0.376	0.149	-0.086	0.298
C23	266	1	7	4.726	0.085	1.386	-0.295	0.149	-0.637	0.298
C24	266	1	7	5.425	0.068	1.114	-0.782	0.149	0.762	0.298
C25	266	2	7	5.218	0.062	1.012	-0.405	0.149	0.287	0.298
D11	266	1	7	2.030	0.090	1.461	1.666	0.149	1.968	0.298
D12	266	1	7	2.023	0.089	1.456	1.520	0.149	1.483	0.298
D13	266	1	7	2.173	0.096	1.559	1.432	0.149	1.188	0.298
D21	266	1	6	2.692	0.066	1.072	1.029	0.149	1.173	0.298
D22	266	1	6	2.733	0.064	1.039	0.736	0.149	0.680	0.298
D23	266	1	6	2.808	0.065	1.063	0.409	0.149	0.361	0.298

值小于 0.5，应考虑删除该测量题项（Cronbach，1951；冯祎，2010）。但也有学者提出 CITC 值至少要大于 0.35（卢纹岱，2002），若 CITC 值小于 0.35，则表示量表的内在信度很差，需删除该测量题项。在进行 CITC 检验前后，要计算 Cronbach'α 系数，若某题项的 CITC 值较小，且在删除该题项后 Cronbach'α 系数增大，则表示应当删除该题项，从而达到净化题项的目的（Yoo & Donthu，2001；徐碧祥，2007）。

4.5.2 KMO 和 Barlett 球度检验

KMO 检验和 Barlett 球度检验是检验样本数据是否可以进行因子分析的效度分析方法。在进行因子分析之前，为了验证量表各题项的相关性，要对数据进行 KMO 检验和 Barlett 球度检验。KMO 统计量取值为 0 ~ 1，KMO 值越高说明各题项的相关性越高，因子分析的效果越好。一般 KMO 统计量大于 0.9 时效果最佳，说明样本数据非常适合进行因子分析；当 KMO 统计量介于 0.8 ~ 0.9，说明数据较合适进行因子分析；KMO 统计量介于 0.7 ~ 0.8，说明可以接受该数据进行因子分析；KMO 统计量介于 0.6 ~ 0.7，说明数据面前可以进行因子分析；KMO 统计量小于 0.5 则不适宜进行因子分析。Barlett 球度检验是用来检验各变量是否独立，若 Sig 小于 0.01，则认为各变量之间存在显著的相关性，可以进行因子分析（杜强，贾艳丽，2011）。

4.5.3 Cronbach's α 检验

Cronbach's α 系数用来衡量量表中多个题项得分之间的一致性，适用于测量李克特量表（Likert-type Scale）的信度。Cronbach's α 系数进行内部一致性高低的检验是测量信度的一个必要条件，是检验量表内在信度的常用方法，也是目前使用最多的一种信度系数。只有内部一致性满足要求，才能证明测量量表的题项具有信度。Cronbach's α 系数的统计量取值为 0 ~ 1，

Cronbach's α 系数越高说明量表的内在信度越好，内在一致性越高。一般 Cronbach's α 系数大于 0.9，表明该量表的信度非常理想；如果系数介于 0.8 ~ 0.9，表示信度佳；如果系数介于 0.7 ~ 0.8，表示信度可以接受；如果系数在 0.7 以下，就应该对此量表进行修订；若低于 0.5，则此量表的调查结果就很不可信了（Nunnally，1978；Bogozzi & Yi，1988；Hair，1998；吴明隆，2009）。

Cronbach's α 系数由式（4 – 1）计算可得，n 为因子测度的个数，σ_i^2 是第 i 个测度项的方差，σ_T^2 是整个因子的方差。

$$\text{Cronbach's } \alpha = \frac{n}{n-1}\left[1 - \frac{\sum \sigma_i^2}{\sigma_T^2}\right] \qquad (4-1)$$

4.6 量表的检验分析与探索性因子分析

4.6.1 信任倾向量表的信度分析与探索性因子分析

1. 信任倾向量表的信度分析

信任倾向量表共有 14 个题项，本书通过 SPSS 21.0 软件对信任倾向量表的电商平台信任倾向、个人信任倾向、网络环境和制度信任倾向 3 个维度共计 14 个题项进行 CITC 检验，并对电商平台信任倾向、个人信任倾向、网络环境和制度信任倾向 3 个潜变量的量表及信任倾向整体量表进行信度分析，信度检验结果见表 4 – 7。14 个题项中，题项 A15（我认为该跨境电商平台是大规模、有实力的企业）CITC 值为 – 0.108，小于 0.35，需要删除该题项；题项 A33（我对先进加密技术能保证安全地在网上交易感到有把握）CITC 值为 – 0.080，小于 0.35，需要删除该题项。删除题项 A15 和 A33 后，形成信任倾向的新量表，见表 4 – 8。重新进行 CITC 检验后，12 个题项的 CITC 值为 0.438 ~ 0.567，均大于 0.35。电商平台信任倾向、个人信任倾向、网络环境和制度信任倾向 3 个维度的分量表的 Cronbach's α 值分别为 0.78、0.793、0.712，信任倾向整体量表的 Cronbach's α 值为 0.844，表示该量表具有较好的信度。

表 4 - 7　　　　　　　　　　信任倾向量表信度分析

测量维度	题项编号	CITC 值	检验结果	各维度的 Cronbach's α 值	量表的 Cronbach's α 值
电商平台信任倾向	A11	0.472	通过	0.649	0.764
	A12	0.485	通过		
	A13	0.497	通过		
	A14	0.496	通过		
	A15	−0.108	删除		
	A16	0.563	通过		
个人信任倾向	A21	0.553	通过	0.793	
	A22	0.423	通过		
	A23	0.474	通过		
	A24	0.478	通过		
网络环境和制度信任倾向	A31	0.456	通过	0.414	
	A32	0.484	通过		
	A33	−0.080	删除		
	A34	0.466	通过		

表 4 - 8   删除不合理题项的信任倾向量表信度分析

测量维度	题项编号	CITC 值	检验结果	各维度的 Cronbach's α 值	量表的 Cronbach's α 值
电商平台信任倾向	A11	0.501	通过	0.780	0.844
	A12	0.492	通过		
	A13	0.519	通过		
	A14	0.534	通过		
	A15	0.567	通过		
个人信任倾向	A21	0.565	通过	0.793	
	A22	0.438	通过		
	A23	0.508	通过		
	A24	0.512	通过		
网络环境和制度信任倾向	A31	0.483	通过	0.712	
	A32	0.518	通过		
	A33	0.489	通过		

注：删除不合理的题项后，按照题项的先后顺序重新编号。

2. 信任倾向量表的探索性因子分析

对删除不合理题项后重新形成的信任倾向量表的 12 个题项进行探索性因子分析。由表 4 - 9 可见，信任倾向量表的 KMO 值为 0.862，Bartlett 的球形度检验的显著性水平为 0.000，说明新量表的题项适合进行因子分析。由表 4 - 10 和表 4 - 11 可见，通过主成分分析法提取特征值大于 1 的 3 个公因子后，电商平台信任倾向的 5 个题项分布在公因子 1 上，公因子 1 解释了 21.805% 的变异量；个人信任倾向的 4 个题项分布在公因子 2 上，公因子 2 解释了 21.148% 的变异量；网络环境和制度信任倾向的 3 个题项分布在公因子 3 上，公因子 3 解释了 16.842% 的变异量，三个公因子累计解释变异量为 59.795%。以上数据皆表明信任倾向量表具有较好的结构效度。

表 4 – 9　　　　信任倾向量表的 KMO 值和 Barlett 球度检验

取样足够度的 Kaiser-Meyer-Olkin 度量		0.862
Bartlett 的球形度检验	近似卡方	983.382
	df	66
	Sig.	0.000

表 4 – 10　　　　信任倾向探索性因子分析的总方差解释

成分	初始特征值			提取平方和载入			旋转平方和载入		
	合计	方差的%	累积%	合计	方差的%	累积%	合计	方差的%	累积%
1	4.453	37.112	37.112	4.453	37.112	37.112	2.617	21.805	21.805
2	1.624	13.537	50.649	1.624	13.537	50.649	2.538	21.148	42.953
3	1.097	9.146	59.795	1.097	9.146	59.795	2.021	16.842	59.795
4	0.713	5.944	65.739						
5	0.666	5.551	71.290						
6	0.605	5.046	76.336						
7	0.571	4.762	81.098						
8	0.527	4.389	85.487						
9	0.517	4.309	89.797						
10	0.484	4.036	93.833						
11	0.436	3.634	97.467						
12	0.304	2.533	100.000						

提取方法：主成分分析。

表 4 –11   信任倾向量表旋转因子载荷

公因子	量表题项	成分		
		1	2	3
电商平台信任倾向	我认为该跨境电商平台诚信度很高（A11）	0.785		
	我认同、欣赏该跨境电商平台（A12）	0.773		
	我认为该跨境电商平台海外产品更新速度快（A14）	0.654		
	我认为该跨境电商平台是值得信赖的（A13）	0.618		
	我认为该跨境电商平台有严格的商家入驻制度和监管制度，不会容许欺骗消费者（A15）	0.593		
个人信任倾向	我认为世界上的大多数人是信守承诺的（A21）		0.846	
	我认为世界上的大多数人是充满善意的（A22）		0.769	
	即使我没有相关知识与经验，我也愿意相信他人（A23）		0.767	
	我与他人交往的原则是信任他人，直到我不能证明他们是可信任的（A24）		0.641	
网络环境和制度信任倾向	我认为网络环境发展已经比较安全、成熟（A31）			0.774
	我认为现有网络技术足以保护我在网上交易时不出问题（A33）			0.768
	我认为跨境电商平台所在国家或地区的法律制度能够保证交易双方的权利和义务（A32）			0.712

注：删除不合理的题项后，按照题项的先后顺序重新编号。

4.6.2 感知风险量表的信度分析与探索性因子分析

1. 感知风险量表的信度分析

感知风险量表共有 7 个题项，本书通过 SPSS 21.0 软件对感知风险的售后感知风险和配送感知风险 2 个维度共计 7 个题项进行 CITC 检验，并对售后感知风险和配送感知风险 2 个潜变量的量表及感知风险整体量表进行信度分析，信度检验结果见表 4 – 12。7 个题项中，题项 B23（在该跨境电商平台上购买的境外商品容易产生较高的配送成本）CITC 值为 0.093，小于 0.35，需要删除该题项。删除题项 B23 后，形成感知风险的新量表，见表 4 – 13。重新进行 CITC 检验后，6 个题项的 CITC 值在 0.631 ~ 0.736 之间，均大于 0.35。售后感知风险和配送感知风险 2 个维度的分量表的 Cronbach's α 值分别为 0.848、0.882，感知风险整体量表的 Cronbach's α 值为 0.871，表示该量表具有较好的信度。

表 4 – 12 感知风险量表信度分析

测量维度	题项编号	CITC 值	检验结果	各维度的 Cronbach's α 值	量表的 Cronbach's α 值
售后感知风险	B11	0.627	通过	0.848	0.831
	B12	0.665	通过		
	B13	0.677	通过		
配送感知风险	B21	0.637	通过	0.719	
	B22	0.708	通过		
	B23	0.093	删除		
	B24	0.639	通过		

表 4 – 13 删除不合理题项的感知风险量表信度分析

测量维度	题项编号	CITC 值	检验结果	各维度的 Cronbach's α 值	量表的 Cronbach's α 值
售后感知风险	B11	0.631	通过	0.848	0.871
	B12	0.656	通过		
	B13	0.678	通过		
配送感知风险	B21	0.667	通过	0.882	
	B22	0.736	通过		
	B23	0.658	通过		

注：删除不合理的题项后，按照题项的先后顺序重新编号。

2. 感知风险量表的探索性因子分析

对删除不合理题项后重新形成的感知风险量表 6 个题项进行探索性因子分析。由表 4 – 14 可见，感知风险量表的 KMO 值为 0.821，Bartlett 的球形度检验的显著性水平为 0.000，说明新量表的题项适合进行因子分析。由表 4 – 15 和表 4 – 16 可见，通过主成分分析法提取特征值大于 1 的 2 个公因子后，配送感知风险的 3 个题项分布在公因子 1 上，公因子 1 解释了40.254% 的变异量；售后感知风险的 3 个题项分布在公因子 2 上，公因子2 解释了 38.823% 的变异量，两个公因子累计解释变异量为 79.077%。以上数据皆证明感知风险量表具有较好的结构效度。

表 4 – 14　　　　感知风险量表的 KMO 值和 Barlett 的球形度检验

取样足够度的 Kaiser-Meyer-Olkin 度量		0.821
Bartlett 的球形度检验	近似卡方	877.029
	df	15
	Sig.	0.000

表 4 – 15　　　　感知风险探索性因子分析的总方差解释

成分	初始特征值			提取平方和载入			旋转平方和载入		
	合计	方差的%	累积%	合计	方差的%	累积%	合计	方差的%	累积%
1	3.653	60.887	60.887	3.653	60.887	60.887	2.415	40.254	40.254
2	1.091	18.190	79.077	1.091	18.190	79.077	2.329	38.823	79.077
3	0.406	6.764	85.841						
4	0.341	5.681	91.522						
5	0.282	4.706	96.227						
6	0.226	3.773	100.000						

提取方法：主成分分析。

表 4 – 16　　　　　　　　　　感知风险量表旋转因子载荷

公因子	量表题项	成分	
		1	2
配送感知风险	跨境电商平台上购买的商品在配送过程中可能发生丢失（B21）	0.881	
	跨境电商平台上购买的商品在配送过程中可能配送错误的商品（B23）	0.864	
	跨境电商平台上购买的商品送货时可能送错地址（B22）	0.842	
售后感知风险	在该跨境电商平台上购买的商品配送时间可能比较长（B11）		0.850
	由于频繁调整价格，在跨境电商平台上购买的产品在购买后可能降价（B13）		0.847
	对该跨境电商平台上购买的商品不满意，等待退货或维修等解决问题时间过长（B12）		0.827

注：删除不合理的题项后，按照题项的先后顺序重新编号。

4.6.3　购买意愿量表的信度分析与探索性因子分析

1. 购买意愿量表的信度分析

购买意愿量表共有 10 个题项，本书通过 SPSS 21.0 软件对购买意愿的重复购买意愿和公开推荐意愿 2 个维度共计 10 个题项进行 CITC 检验，并对重复购买意愿和公开推荐意愿 2 个潜变量的量表及购买意愿整体量表进行信度分析，信度检验结果见表 4 – 17。10 个题项中，题项 C23（我会在跨境电商平台上留下积极评价）CITC 值为 0.061，小于 0.35，需要删除该题项。删除题项 C23 后，形成购买意愿的新量表，重新进行 CITC 检验后，9 个题项的 CITC 值为 0.499 ~ 0.656，均大于 0.35。重复购买意愿和公开推荐意愿 2 个维度的分量表的 Cronbach's α 值分别为 0.843、0.773，购买意愿整体量表的 Cronbach's α 值为 0.840，这表示该量表具有较好的信度。

表 4 – 17   购买意愿量表信度分析

测量维度	题项编号	CITC 值	检验结果	各维度的 Cronbach's α 值	量表的 Cronbach's α 值
重复购买意愿	C11	0.638	通过	0.843	0.802
	C12	0.515	通过		
	C13	0.609	通过		
	C14	0.541	通过		
	C15	0.596	通过		
公开推荐意愿	C21	0.505	通过	0.642	
	C22	0.500	通过		
	C23	0.063	删除		
	C24	0.446	通过		
	C25	0.503	通过		

表 4 – 18   删除不合理题项的购买意愿量表信度分析

测量维度	题项编号	CITC 值	检验结果	各维度的 Cronbach's α 值	量表的 Cronbach's α 值
重复购买意愿	C11	0.656	通过	0.843	0.840
	C12	0.529	通过		
	C13	0.631	通过		
	C14	0.562	通过		
	C15	0.606	通过		
公开推荐意愿	C21	0.499	通过	0.773	
	C22	0.513	通过		
	C23	0.463	通过		
	C24	0.511	通过		

注：删除不合理的题项后，按照题项的先后顺序重新编号。

2. 购买意愿量表的探索性因子分析

对删除不合理题项后重新形成的购买意愿量表 9 个题项进行探索性因子分析。由表 4 – 19 可见，购买意愿量表的 KMO 值为 0.863，Bartlett 的球形度检验的显著性水平为 0.000，说明新量表的题项适合进行因子分析。由表 4 - 20 和表 4 - 21 可见，通过主成分分析法提取特征值大于 1 的 2 个公因子后，重复购买意愿的 5 个题项分布在公因子 1 上，公因子 1 解释了 33.940% 的变异量；公开推荐意愿的 4 个题项分布在公因子 2 上，公因子 2 解释了 27.152% 的变异量，两个公因子累计解释变异量为 61.091%。以上数据皆表明购买意愿量表具有较好的结构效度。

表 4 - 19　　　　购买意愿量表的 KMO 值和 Barlett 的球形度检验

取样足够度的 Kaiser-Meyer-Olkin 度量		0.863
Bartlett 的球形度检验	近似卡方	841.682
	df	36
	Sig.	0.000

表 4 - 20　　　　购买意愿探索性因子分析的总方差解释

成分	初始特征值			提取平方和载入			旋转平方和载入		
	合计	方差的%	累积%	合计	方差的%	累积%	合计	方差的%	累积%
1	3.979	44.208	44.208	3.979	44.208	44.208	3.055	33.940	33.940
2	1.519	16.883	61.091	1.519	16.883	61.091	2.444	27.152	61.091
3	0.696	7.735	68.826						
4	0.611	6.792	75.618						
5	0.513	5.703	81.321						
6	0.498	5.529	86.850						
7	0.441	4.901	91.751						
8	0.389	4.320	96.071						
9	0.354	3.929	100.000						

提取方法：主成分分析。

表 4 – 21   购买意愿量表旋转因子载荷表

公因子	量表题项	成分	
		1	2
重复购买意愿	网上购物时，我经常访问该跨境电商平台（C11）	0.809	
	当有人询问我购买境外商品的意见时，我会推荐该跨境电商平台的产品（C13）	0.792	
	我会在未来继续购买该跨境电商平台的产品或服务（C14）	0.772	
	当需要购买其他产品时，我还是会来这个跨境电商平台（C12）	0.744	
	如果购买进口产品，使用该跨境电子商务平台购买的可能性比较大（C15）	0.697	
公开推荐意愿	我会主动向他人推荐这个跨境电商平台（C21）		0.826
	我会向朋友推荐购买该产品（C23）		0.777
	我会推荐他人在该跨境电商平台上购买产品或服务（C22）		0.727
	我愿意与人分享该跨境电商平台的优点（C24）		0.669

注：删除不合理的题项后，按照题项的先后顺序重新编号。

4.6.4　电子商务特性量表的信度分析与探索性因子分析

1. 电子商务特性量表的信度分析

电子商务特性量表共有 6 个题项，本书通过 SPSS 21.0 软件对电子商务特性的信息过载性和功能兼容性 2 个维度的 6 个题项进行 CITC 检验，并对信息过载性和功能兼容性 2 个潜变量的量表及电子商务特性整体量表进行信度分析，信度检验结果见表 4 – 22。6 个题项的 CITC 值为 0.573 ~ 0.800，均大于 0.35。信息过载性和功能兼容性 2 个维度的分量表的 Cronbach's α 值分别为 0.932、0.882，电子商务特性整体量表的 Cronbach's α 值为 0.882，这表示该量表具有较好的信度。

表 4 – 22   电子商务特性量表信度分析

测量维度	题项编号	CITC 值	检验结果	各维度的 Cronbach's α 值	量表的 Cronbach's α 值
信息过载性	D11	0.800	通过	0.932	0.882
	D12	0.730	通过		
	D13	0.721	通过		
功能兼容性	D21	0.710	通过	0.882	
	D22	0.632	通过		
	D23	0.573	通过		

2. 电子商务特性量表的探索性因子分析

对电子商务特性量表 6 个题项进行探索性因子分析。由表 4 – 23 可见，电子商务特性量表的 KMO 值为 0.823，Bartlett 的球形度检验的显著性水平为 0.000，说明新量表的题项适合进行因子分析。由表 4 – 24 和表 4 – 25 可见，通过主成分分析法提取特征值大于 1 的 2 个公因子后，信息过载性的 3 个题项分布在公因子 1 上，公因子 1 解释了 44.270% 的变异量；功能兼容性的 3 个题项分布在公因子 2 上，公因子 2 解释了 40.739% 的变异量，两个公因子累计解释变异量为 85.009%。以上数据皆表明电子商务特性量表具有较好的结构效度。

表 4 – 23   电子商务特性量表的 KMO 值和 Barlett 球度检验

取样足够度的 Kaiser-Meyer-Olkin 度量		0.823
Bartlett 的球形度检验	近似卡方	1191.533
	df	15
	Sig.	0.000

表 4 - 24　　　　　电子商务特性探索性因子分析的总方差解释

成份	初始特征值			提取平方和载入			旋转平方和载入		
	合计	方差的%	累积%	合计	方差的%	累积%	合计	方差的%	累积%
1	3.791	63.181	63.181	3.791	63.181	63.181	2.656	44.270	44.270
2	1.310	21.827	85.009	1.310	21.827	85.009	2.444	40.739	85.009
3	0.326	5.425	90.434						
4	0.233	3.886	94.320						
5	0.200	3.325	97.645						
6	0.141	2.355	100.000						

提取方法：主成分分析。

表 4 - 25　　　　　　电子商务特性量表旋转因子载荷

公因子	量表题项	成分	
		1	2
信息过载性	我对该跨境零售电商平台的广告商品品质持怀疑态度（D12）	0.933	
	该跨境零售电商平台推送的内容，大多是标题党，点进去一点内容都没有（D13）	0.909	
	我认为在该跨境零售电商平台搜索得到的商品信息太多了，根本看不过来（D11）	0.885	
功能兼容性	我认为该跨境零售电商平台的娱乐性很强，可以满足我的休闲娱乐（D22）		0.887
	我有时在该跨境零售电商平台发表评论，和其他消费者交流信息（D23）		0.878
	我有时在该跨境零售电商平台搜索海外商品信息，但是通过其他渠道购买商品（D21）		0.844

4.7　本章小结

　　本章首先介绍了调研问卷的设计思路和主要内容，提出包含信任倾向、感知风险、购买意愿和电子商务特性四个部分的测量量表。其次，对本研究实证分析所采用的样本数据来源进行说明。本研究通过问卷星网站在全国范围内累计发放问卷 378 份，删除无效问卷 112 份，最终收回有效问卷 266 份，并对 266 位消费者信息进行描述性统计分析。本书通过 CITC检验和 Cronbach's α 系数检验对各测量量表数据进行了信度分析，删除不合理题项后形成新的测量量表，重新进行 CITC 检验和 Cronbach's α 系数检验，确保各测量量表具有较好的信度。最后，通过探索性因子分析，验证各测量量表具有较好的结构效度。

第5章

信任倾向和感知风险影响
购买意愿的实证分析

5.1　结构方程建模

经过第4章的描述性统计分析以及量表的检验分析与探索性因子分析，本书确定了信任倾向、感知风险、购买意愿和电子商务特性的最终题项。本章将采用结构方程（SEM）对信任倾向、感知风险、购买意愿和电子商务特性进行验证性因子分析，并对信任倾向、感知风险影响购买意愿的理论模型进行实证检验。

结构方程模型，又称为潜在变量模型（LVM），是近几年西方数理经济学界常用的一种基于变量的协方差矩阵或相关系数矩阵来分析变量关系的统计方法，能够对路径分析和因子分析进行有效整合（孙平，2008）。结构方程通过把一系列假设变量之间的因果关系反映为统计因果模式的综合假设，从而分析变量之间关系以及模型中其他变量无法解释的变异量部分。结构方程模型不但能够观察变量对潜变量的测量，还能够揭示潜变量之间的关系，还可以对观察变量和潜在变量间的因果关系进行有效检验（Crowly & Fan，1997）。

　　　　一个完整的结构方程模型包含测量模型和结构模型两个部分，测量模型通过验证性因子分析识别测量变量和因变量之间的关系,结构模型用于检验各条路径的统计显著性。

在结构方程测量模型中,通常用式(5 – 1)和式(5 – 2)来表达观察变量和因变量之间的关系。其中,x 代表外生指标构成的向量,$\wedge x$ 代表外生指标与外生潜变量之间的关系,是外生指标在外生潜变量上的因子负载矩阵,δ 代表外生指标的误差项。y 代表内生指标构成的向量,$\wedge y$ 代表内生指标与内生潜变量之间的关系,是内生指标在内生潜变量上的因子负载矩阵,ε 代表内生指标的误差项。

$$x = \wedge x\varepsilon + \delta \qquad\qquad (5-1)$$

$$y = \wedge y\eta + \varepsilon \qquad\qquad (5-2)$$

由于信任倾向、感知风险与购买意愿等变量难以直接获得数据,各个变量之间关系复杂。由此,本书选取结构方程分析方法,利用 Amos 23.0 软件检验第 3 章研究框架中的假设。

5.2　验证性因子分析

验证性因子分析(CFA)被用于检验一组测量变量与一组可以解释测量变量因素构念之间的关系,归属于一般结构方程或共变结构方程。CFA 允许研究者分析确认事先假设的测量变量与因素间关系的正确性。

一般而言,CFA 是进行整合性结构方程分析的一个前置步骤或基础框架(周子敬,2006)。在许多情况下,结构方程模型的问题都是因为测量模型 CFA 太差(Brown,2006)。如果测量模型很差,会导致错误的结论,关于相关性的强度以及方向等都会受到影响,所以要检查测量模型到底好不好(Segars,1997)。因此,在进行结构方程分析之前,研究者一般先进行验证性因子分析,只有当测量模型能正确反映构念的时候,才进行结构方程分析(Purc-Stephenson,2009)。

5.2.1 验证性因子分析的参数指标

结构方程模型的验证性因子分析主要通过信度指标、效度指标以及整体模型配适度指标进行检验。

1. 信度指标

组成信度（construct reliability，CR）是所有测量题项信度的组合，表示构念指针的内部一致性程度，亦即所有测量指标分享该因素构念的程度，是模型内在质量的判别准则之一。组成信度值越高，说明该构念的内部一致性程度越高，表示测量指标之间有高度的内在关联存在。潜在变量的组成信度值大于 0.60，表示模型的内在质量理想（Fornell & Lacker，1981；Bogozzi & Yi，1988；Diamantopoulos & Siguaw，2000；吴明隆，2017）。海尔（Hair，1997）提出更严格的标准，认为 0.7 是可接受的门槛，大于 0.7 才是较佳的组成信度。式（5 - 3）可以计算组成信度值（Joreskog & Sorbom，1996；Hair et al，1998）。

$$构念的组成信度 = \frac{(\sum 标准化因数负荷量)^2}{(\sum 标准化因数负荷量)^2 + \sum 各测量变量的测量误差}$$

$$(5-3)$$

多元方差平方（SMC）是测量信度的另一指标，它表示相较于测量误差变异量的大小，潜在变量构念所能解释指标变量变异量的程度，即反映潜变量对各个题项的影响程度。SMC 越高则表示信度越高，SMC 大于 0.5，表示各个题项的信度较为理想，SMC 大于 0.36，是可接受的门槛。

2. 效度指标

平均变异萃取量（AVE）计算潜变量之测量变量的变异数解释力，AVE 值越高则表示构念有更高的信度和收敛信度。AVE 的理想值须大于

0.5 （Fornell & Lacker，1981），0.36 是可接受的门槛。公式（5－4）可以计算出平均变异萃取量 AVE（Joreskog & Sorbom，1996）。

$$AVE = \frac{\sum (\text{因数负荷量})^2}{\sum (\text{因数负荷量})^2 + \sum \text{各测量变量的测量误差}} \quad (5-4)$$

3. 整体模型配适度指标

配适度指标是评价假设的路径分析模型图与搜集的数据是否相互配适，具体的测量模型配适度指标及衡量标准见表 5－1。表 5－1 所列测量模型配适度指标包含了部分重要指标以及多数学者认可且较为严谨的准则。本书将在后续计算以下指标的数值，以判断理论模型和实际数值之间的配适度。

表 5－1　　　　　　　　　　　测量模型配适度指标汇总

配适度指标	适配标准或临界值
卡方值（χ^2）	卡方值越小表示整体模型的因果路径图与实际资料越适配。但使用真实世界的数据来评价理论模型时，卡方值受预估参数及样本数影响很大，所以卡方统计通常的实质帮助不大（Rigdon，1995；Hair et al，1998）。
自由度（DF）	自由度等于样本矩提供的数据点数目与模型内待估计自由参数数目的差值。假设模型的估计参数越多，自由度会变得越低
卡方自由度比（χ^2/DF）	卡方自由度比值越小，表示假设模型的协方差矩阵与观察数据越适配；相反，卡方自由度比值越大，表示模型的配适度越差。一般而言，卡方自由度比值小于 3，表示假设模型的配适度较佳（吴明隆，2017）。当其值小于 1.0 时，表示模型过度适配，即该模型具有样本独立性；当其值大于 2.0 或 3.0（较宽松的规定值为 5.0），则表示假设模型尚无法反映真实观察数据，即模型契合度不佳，模型需要改进（Hair et al，1998）
良适性配适指标（GFI）	GFI 数值介于 0~1，其数值越接近 1，表示模型的配适度越佳；GFI 值越小，表示模型的配适度越差。一般的判别标准为 GFI 值大于 0.90，表示模型路径图与实际数据有良好的配适度；GFI 值大于 0.80，是可以接受的门槛（Hair et al，1998）
调整后配适指标（AGFI）	AGFI 数值介于 0~1，其数值越接近 1，表示模型的配适度越佳；GFI 值越小，表示模型的配适度越差。一般的判别标准为 GFI 值大于 0.90，表示模型路径图与实际数据有良好的配适度（Hu & Bentler，1999）。AGFI 值大于 0.80，是可以接受的门槛

续表

配适度指标	适配标准或临界值
渐进残差均方和平方根（RMSEA）	当 RMSEA 的数值高于 0.10 以上时，则模型的适配度欠佳（poor fit）；其数值在 0.08~0.10 之间则模型尚可，即具有普通配适（mediocre fit）；在 0.05~0.08 之间则表示模型良好，即有合理配适（reasonable fit）；如果其数值小于 0.05 表示模型配适度非常好（good fit）（Steiger，1990；Browne & Cudeck，1983）

资料来源：吴明隆（2017）；Rigdon（1995）；Hu & Bentler（1999）；Hair et al（1998）；Browne & Cudeck（1993）；Steiger（1990）。

5.2.2　信任倾向的验证性因子分析

本书采用 Amos 23.0 软件对信任倾向进行验证性因子分析。信任倾向的验证性因子分析模型见图 5 – 1，信任倾向的验证性因子分析数据汇总情况见表 5 – 2。

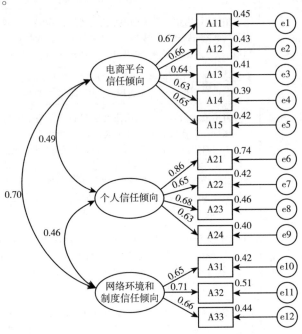

图 5 – 1　信任倾向的验证性因子分析模型

表 5 – 2　　　　　　　　　　信任倾向的验证性因子分析数据汇总

构念	指标	模型参数估计值				收敛效度			
		非标准化因素符合	标准误 S. E.	CR (t 值)	P	标准化因素负荷	SMC	CR 组成信度	AVE 变异数萃取值
电商平台信任倾向	A11	1				0.673	0.453	0.784	0.421
	A12	0.896	0.102	8.798	***	0.657	0.432		
	A13	0.928	0.108	8.597	***	0.639	0.408		
	A14	0.934	0.11	8.465	***	0.626	0.392		
	A15	1.113	0.128	8.709	***	0.649	0.421		
个人信任倾向	A21	1				0.861	0.741	0.801	0.505
	A22	0.673	0.066	10.203	***	0.649	0.421		
	A23	0.774	0.072	10.688	***	0.679	0.461		
	A24	0.665	0.067	9.902	***	0.630	0.397		
网络环境和制度信任倾向	A31	1				0.652	0.425	0.716	0.457
	A32	1.251	0.151	8.297	***	0.713	0.508		
	A33	1.26	0.158	7.998	***	0.661	0.437		

模型配适度指标: $\chi^2 = 68.388$, DF = 51, $\chi^2/DF = 1.341$, GFI = 0.959, AGFI = 0.938, RMSEA = 0.036

根据表 5 – 2 可以得出以下结论。χ^2/DF 的值为 1.341，小于 3；GFI 值为 0.959，AGFI 值为 0.938，均大于 0.9；RMSEA 值为 0.036，小于 0.08，整体模型配适度指标符合表 5 – 1 的要求，说明测量模型有效。单一题项的 SMC 值最小为 0.392，最大为 0.741，均大于 0.36，说明单一题项的信度检验符合表 5 – 1 的要求。3 个潜变量的组成信度 CR 值分别为 0.784、0.801、0.716，均超过 0.7，说明信任倾向的 3 个维度的组成信度符合要求。3 个潜变量的平均变异萃取量（AVE）分别为 0.421、0.505、0.457，均超过 0.36，说明信任倾向的 3 个维度的收敛效度符合要求。

5.2.3　感知风险的验证性因子分析

本书采用 Amos 23.0 软件对感知风险进行验证性因子分析。感知风险的验证性因子分析模型见图 5 – 2，感知风险的验证性因子分析数据汇总情况见表 5 – 3。

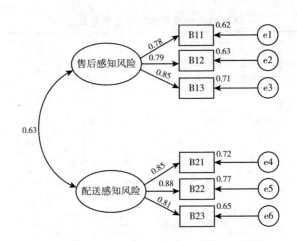

图 5 - 2　感知风险的验证性因子分析模型

表 5 - 3　　　　　　　　　感知风险的验证性因子分析数据汇总

构念	指标	模型参数估计值				收敛效度			
		非标准化因素符合	标准误 S. E.	CR（t 值）	P	标准化因素负荷	SMC	CR 组成信度	AVE 变异数萃取值
售后感知风险	B11	1				0.785	0.616	0.850	0.654
	B12	1.162	0.09	12.847	***	0.794	0.630		
	B13	1.194	0.089	13.419	***	0.845	0.714		
配送感知风险	B21	1				0.847	0.717	0.883	0.715
	B22	1.049	0.064	16.504	***	0.880	0.774		
	B23	0.907	0.06	15.113	***	0.808	0.653		

模型配适度指标：$\chi^2 = 18.715$，DF = 8，$\chi^2/DF = 2.339$，GFI = 0.978，AGFI = 0.942，RMSEA = 0.071

根据表 5 - 3 可以得出以下结论。χ^2/DF 的值为 2.339，小于 3；GFI 值 0.978，AGFI 值为 0.942，均大于 0.9；RMSEA 值为 0.071，小于 0.08，整体模型配适度指标符合表 5 - 1 的要求，说明测量模型有效。单一题项的 SMC 值最小为 0.653，最大为 0.774，均大于 0.36，说明单一题项的信度检验符合表 5 - 1 的要求。2 个潜变量的组成信度 CR 值分别为 0.850、0.883，均超过 0.7，说明感知风险的 2 个维度的组成信度符合要求。2 个潜变量的平均变异萃取量（AVE）分别为 0.654、0.715，均超过

0.36，说明感知风险的 2 个维度的收敛效度符合要求。

5.2.4　购买意愿的验证性因子分析

本书采用 Amos 23.0 软件对购买意愿进行验证性因子分析。购买意愿的验证性因子分析模型见图 5 - 3，购买意愿的验证性因子分析数据汇总情况见表 5 - 4。

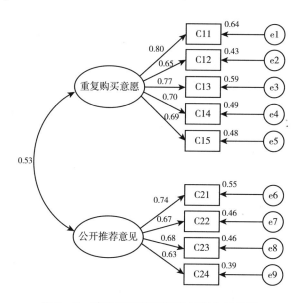

图 5 - 3　购买意愿的验证性因子分析模型

表 5 - 4　　　　　　　　购买意愿的验证性因子分析数据汇总

构念	指标	模型参数估计值				收敛效度			
		非标准化因素符合	标准误 S. E.	CR（t 值）	P	标准化因素负荷	SMC	CR 组成信度	AVE 变异数萃取值
重复购买意愿	C11	1				0.797	0.635	0.845	0.524
	C12	0.853	0.082	10.452	***	0.653	0.426		
	C13	0.961	0.077	12.45	***	0.767	0.588		
	C14	0.897	0.08	11.285	***	0.700	0.490		
	C15	0.78	0.07	11.141	***	0.692	0.479		

续表

构念	指标	模型参数估计值				收敛效度			
		非标准化因素符合	标准误S. E.	CR（t值）	P	标准化因素负荷	SMC	CR组成信度	AVE变异数萃取值
公开推荐意愿	C21	1				0.745	0.555	0.777	0.466
	C22	0.967	0.104	9.26	***	0.675	0.456		
	C23	1.004	0.108	9.302	***	0.679	0.461		
	C24	0.841	0.096	8.712	***	0.626	0.392		

模型配适度指标：$\chi^2 = 39.060$，$DF = 26$，$\chi^2/DF = 1.502$，$GFI = 0.966$，$AGFI = 0.941$，$RMSEA = 0.044$

根据表 5 - 4 可以得出以下结论。χ^2/DF 的值为 1.502，小于 3；GFI 值为 0.966，AGFI 值为 0.941，均大于 0.9；RMSEA 值为 0.044，小于 0.08，整体模型配适度指标符合表 5 - 1 的要求，说明测量模型有效。单一题项的 SMC 值最小为 0.392，最大为 0.635，均大于 0.36，说明单一题项的信度检验符合表 5 - 1 的要求。2 个潜变量的组成信度 CR 值分别为 0.845、0.777，均超过 0.7，说明购买意愿的 2 个维度的组成信度符合要求。2 个潜变量的平均变异萃取量（AVE）分别为 0.524、0.466，均超过 0.36，说明购买意愿的 2 个维度的收敛效度符合要求。

5.2.5 电子商务特性的验证性因子分析

本书采用 Amos 23.0 软件对电子商务特性进行验证性因子分析。电子商务特性的验证性因子分析模型见图 5 - 4，电子商务特性的验证性因子分析数据汇总情况见表 5 - 5。根据表 5 - 5 电子商务特性的验证性因子分析数据汇总表，可以得出以下结论。χ^2/DF 的值为 3.14，小于 5；GFI 值为 0.969，AGFI 值为 0.918，均大于 0.9；RMSEA 值为 0.090，小于 1.00，整体模型配适度指标符合表 5 - 1 的要求，说明测量模型有效。单一题项的 SMC 值最小为 0.615，最大为 0.854，均大于 0.36，说明单一题项的信度检验符合表 5 - 1 的要求。2 个潜变量的组成信度 CR 值分别为 0.930、

0.880，均超过 0.7，说明电子商务特性的 2 个维度的组成信度符合要求。
2 个潜变量的平均变异萃取量（AVE）分别为 0.820、0.740，均超过
0.36，说明电子商务特性的 2 个维度的收敛效度符合要求。

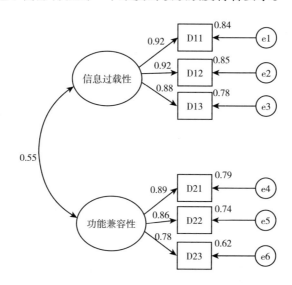

图 5 - 4　电子商务特性的验证性因子分析模型

表 5 - 5　　　　　　　电子商务特性的验证性因子分析数据汇总

构念	指标	模型参数估计值				收敛效度			
		非标准化因素符合	标准误 S. E.	CR（t 值）	P	标准化因素负荷	SMC	CR 组成信度	AVE 变异数萃取值
信息过载性	D11	1				0.917	0.841	0.930	0.820
	D12	1.009	0.042	24.217	***	0.924	0.854		
	D13	1.037	0.047	21.925	***	0.881	0.776		
功能兼容性	D21	1				0.889	0.790	0.880	0.740
	D22	0.948	0.056	16.897	***	0.860	0.740		
	D23	0.884	0.058	15.116	***	0.784	0.615		

模型配适度指标：$\chi^2 = 25.12$，DF = 8，$\chi^2/DF = 3.14$，GFI = 0.969，AGFI = 0.918，RMSEA = 0.090

5.3 结构方程分析与假设检验

5.3.1 信任倾向与感知风险关系的假设检验

首先分析信任倾向的 3 个维度（电商平台信任倾向、个人信任倾向、网络环境和制度信任倾向）分别对感知风险 2 个维度（售后感知风险、配送感知风险）的影响，结构方程模型见图 5 - 5，实证结果汇总表见表 5 - 6。

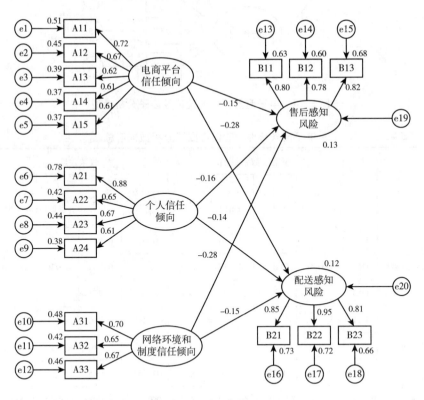

图 5 - 5 信任倾向影响感知风险的结构方程模型

表 5 – 6　　　　　　　　信任倾向影响感知风险的实证结果汇总

回归路径	标准化路径系数	P	是否支持假设
售后感知风险←电商平台信任倾向	– 0.155	0.035	是
配送感知风险←电商平台信任倾向	– 0.282	***	是
售后感知风险←个人信任倾向	– 0.160	0.023	是
配送感知风险←个人信任倾向	– 0.139	0.044	是
售后感知风险←网络环境和制度信任倾向	– 0.284	***	是
配送感知风险网络环境和制度信任倾向	– 0.150	0.047	是

模型配适度指标：$\chi^2 = 375.276$，DF = 129，$\chi^2/DF = 2.909$，GFI = 0.866，AGFI = 0.822，RMSEA = 0.085

注：*** 表示 $P < 0.001$。

由表 5 – 6 可见，χ^2/DF 的值为 2.909，小于 3；GFI 值为 0.866，AGFI 值为 0.822，均大于 0.8；RMSEA 值为 0.085，介于 0.08 – 0.10 之间，整体模型配适度指标符合表 5 – 1 的要求，说明测量模型有效。根据表 5 – 6 的实证结果，进一步检验相关假设是否成立。

（1）表 5 – 6 的结果说明电商平台信任倾向与售后感知风险之间的路径系数为 – 0.155（$P < 0.05$），第 3 章的假设 H1 "电商平台信任倾向对售后感知风险具有负向作用" 得到验证。

（2）表 5 – 6 的结果说明电商平台信任倾向与配送感知风险之间的路径系数为 – 0.282（$P < 0.001$），第 3 章的假设 H2 "电商平台信任倾向对配送感知风险具有负向作用" 得到验证。

（3）表 5 – 6 的结果说明个人信任倾向与售后感知风险之间的路径系数为 – 0.160（$P < 0.05$），第 3 章的假设 H3 "个人信任倾向对售后感知风险具有负向作用" 得到验证。

（4）表 5 – 6 的结果说明个人信任倾向与配送感知风险之间的路径系数为 – 0.139（$P < 0.001$），第 3 章的假设 H4 "个人信任倾向对配送感知风险具有负向作用" 得到验证。

（5）表 5 – 6 的结果说明网络环境和制度信任倾向与售后感知风险之间的路径系数为 – 0.284（$P < 0.001$），第 3 章的假设 H5 "网络环境和制

度信任倾向对售后感知风险具有负向作用"得到验证。

（6）表5-6的结果说明网络环境和制度信任倾向与配送感知风险之间的路径系数为 -0.150（P<0.05），第3章的假设 H6 "网络环境和制度信任倾向对配送感知风险具有负向作用"得到验证。

信任倾向影响感知风险各维度的所有路径系数都在 P<0.05 的水平上具有统计显著性。因此，第3章的假设 H1~H6 都成立。

5.3.2 信任倾向与购买意愿关系的假设检验

其次分析信任倾向的3个维度（电商平台信任倾向、个人信任倾向、网络环境和制度信任倾向）分别对购买意愿2个维度（重复购买意愿、公开推荐意愿）的影响，结构方程模型见图5-6，实证结果汇总表见表5-7。

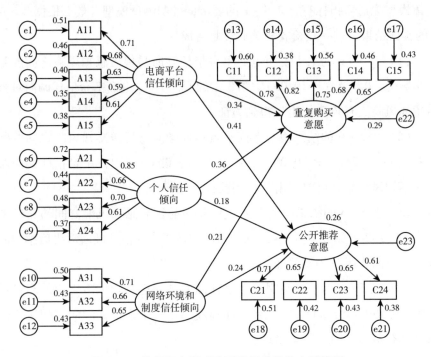

图5-6 信任倾向影响购买意愿的结构方程模型

表 5 – 7　　　　　　　信任倾向影响购买意愿的实证结果汇总

回归路径	标准化路径系数	P	是否支持假设
重复购买意愿←电商平台信任倾向	0.339	***	是
公开推荐意愿←电商平台信任倾向	0.410	***	是
重复购买意愿←个人信任倾向	0.359	***	是
公开推荐意愿←个人信任倾向	0.177	0.016	是
重复购买意愿←网络环境和制度信任倾向	0.206	0.006	是
公开推荐意愿←网络环境和制度信任倾向	0.239	0.003	是

模型配适度指标：$\chi^2 = 418.210$，DF = 183，$\chi^2/DF = 2.285$，GFI = 0.871，AGFI = 0.837，RMSEA = 0.070

注：*** 表示 $P < 0.001$。

由表 5 – 7 可见，χ^2/DF 的值为 2.285，小于 3；GFI 值为 0.871，AGFI 值为 0.837，均大于 0.8；RMSEA 值为 0.070，小于 0.08，整体模型配适度指标符合表 5 – 1 的要求，说明测量模型有效。根据表 5 – 7 的实证结果，进一步检验相关假设是否成立。

（1）表 5 – 7 的结果说明电商平台信任倾向与重复购买意愿之间的路径系数为 0.339（$P < 0.001$），第 3 章的假设 H7"电商平台信任倾向对重复购买意愿具有正向作用"得到验证。

（2）表 5 – 7 的结果说明电商平台信任倾向与公开推荐意愿之间的路径系数为 0.410（$P < 0.001$），第 3 章的假设 H8"电商平台信任倾向对公开推荐意愿具有正向作用"得到验证。

（3）表 5 – 7 的结果说明个人信任倾向与重复购买意愿之间的路径系数为 0.359（$P < 0.001$），第 3 章的假设 H9"个人信任倾向对重复购买意愿具有正向作用"得到验证。

（4）表 5 – 7 的结果说明个人信任倾向与公开推荐意愿之间的路径系数为 0.177（$P < 0.05$），第 3 章的假设 H10"个人信任倾向对公开推荐意愿具有正向作用"得到验证。

（5）表 5 – 7 的结果说明网络环境和制度信任倾向与重复购买意愿之间的路径系数为 0.206（$P < 0.01$），第 3 章的假设 H11"网络环境和制度

信任倾向对重复购买意愿具有正向作用"得到验证。

（6）表5-7的结果说明网络环境和制度信任倾向与公开推荐意愿之间的路径系数为0.239（P<0.01），第3章的假设H12"网络环境和制度信任倾向对公开推荐意愿具有正向作用"得到验证。

信任倾向影响购买意愿各维度的所有路径系数都在P<0.05的水平上具有统计显著性。因此，第3章的假设H7～H12都成立。

5.3.3 感知风险与购买意愿关系的假设检验

最后分析感知风险的2个维度（售后感知风险、配送感知风险）分别对购买意愿2个维度（重复购买意愿、公开推荐意愿）的影响，结构方程模型见图5-7，实证结果汇总表见表5-8。

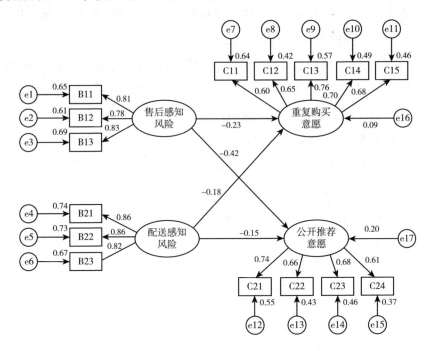

图5-7 感知风险影响购买意愿的结构方程模型

表 5 - 8　　　　　　　感知风险影响购买意愿的实证结果汇总

回归路径	标准化路径系数	P	是否支持假设
重复购买意愿←售后感知风险	- 0.231	0.001	是
公开推荐意愿←售后感知风险	- 0.423	***	是
重复购买意愿←配送感知风险	- 0.182	0.009	是
公开推荐意愿←配送感知风险	- 0.149	0.034	是

模型配适度指标：$\chi^2 = 251.740$，DF = 86，$\chi^2/DF = 2.927$，GFI = 0.896，AGFI = 0.854，RMSEA = 0.085

注：*** 表示 $P < 0.001$。

由表 5 - 8 可见，χ^2/DF 的值为 2.927，小于 3；GFI 值为 0.896，AG-FI 值为 0.854，均大于 0.8；RMSEA 值为 0.085，介于 0.08 - 0.10 之间，整体模型配适度指标符合表 5 - 1 的要求，说明测量模型有效。根据表 5 - 8 的实证结果，进一步检验相关假设是否成立。

（1）表 5 - 8 的结果说明售后感知风险与重复购买意愿之间的路径系数为 - 0.231（$P < 0.01$），第 3 章的假设 H13 "售后感知风险对重复购买意愿具有负向作用" 得到验证。

（2）表 5 - 8 的结果说明售后感知风险与公开推荐意愿之间的路径系数为 - 0.423（$P < 0.001$），第 3 章的假设 H14 "售后感知风险对公开推荐意愿具有负向作用" 得到验证。

（3）表 5 - 8 的结果说明配送感知风险与重复购买意愿之间的路径系数为 - 0.182（$P < 0.01$），第 3 章的假设 H15 "配送感知风险对重复购买意愿具有负向作用" 得到验证。

（4）表 5 - 8 的结果说明配送感知风险与公开推荐意愿之间的路径系数为 - 0.149（$P < 0.05$），第 3 章的假设 H16 "配送感知风险对公开推荐意愿具有负向作用" 得到验证。

感知风险影响购买意愿各维度的所有路径系数都在 $P < 0.05$ 的水平上具有统计显著性。因此，第 3 章的假设 H13 ~ H16 都成立。

5.4　本章小结

　　本章首先对信任倾向、感知风险、购买意愿和电子商务特性四个潜在变量的测量分别进行验证性因子分析（CFA），对组成信度 CR 值、多元方差 SMC、平均变异萃取量（AVE）等信度和效度指标，整体模型配适度指标进行检定。其次，通过结构方程模型，对第 3 章的假设 H1 ~ H16 进行验证，验证结果表明所有路径系数均在 P < 0.05 的水平上具有统计显著性，假设 H1 ~ H16 均得到验证。

第6章

感知风险在信任倾向和购买意愿
之间的中介效应分析

6.1　中介效应的检验方法

　　检验中介效应最早的方法是逐步检定回归系数法（Baron & Kenny，1986），简称逐步法（causal steps approach）。这种方法要求研究者估计模型中的每一条路径，然后通过观察是否满足某些统计标准来确定变量是否起中介作用。但是，近年来逐步法受到了多方面的严厉批评。最值得注意的是，模拟研究表明，在测试中介变量效应的方法中，逐步法的检验力是最低的（Fritz & Mackinnon，2007；MacKinnon et al，2002）。也就是说，如果 X 对 Y 的影响是通过中间变量 M 间接地进行的，那么逐步法在实际检测中介效应的众多方法中是最不可靠的。对逐步法的另一种批评是，它并不是基于中介效应的量化。相反，间接效应的存在是由一组假设检验的结果逻辑推断出来的。

　　Sobel 检验是一种关于中介效应的更为现代的推断方法（Sobel，1982，1986）。虽然 Sobel 检验还有一些另外的用途，但它经常被用作逐步法的补充，而不是代替逐步法。Sobel 检验有一个重大缺陷，它需要假设间接效应的抽样分布是均匀的。但是抽样分布往往是不对称的，具有非零的偏度和峰度（Bollen & Stine，1990；Stone & Sobel，1990）。由此，我们需要比 Sobel 检验更强大的检验方法。

在备选方案中，信赖区间法（bootrap distribution of effects，简称 bootrapping）和 M 检验成为更精准和更进步的方法。尽管霍尔伯特和史蒂芬登（Holbert & Stephenson，2003）提出 M 检验是"媒体效应学者可利用的最佳选择"，但它还是有非常大的缺陷——在没有表的帮助下进行操作有点麻烦（尽管有学者提供了一种算法（MacKinnon et al，2007）来减少一些计算负担），此外它还需要额外的假设。而信赖区间法不存在这样的问题，并且该方法已植入结构方程软件中。由此，Bootrapping 是两种选择中更优的一种。

本书采用麦金农（Mackinnon，2004）提出的信赖区间法对间接效果进行检验。信赖区间法的原理是在原始样本中重复采样，每次采样后将样本放回，是最大限度接近原始样本的一种方法（Wen et al，2010）。这个过程总共重复 K 次，K 至少达到 1000 次，建议达到 5000 次（Hayes，2009）。若重复抽样达到 5000 次，会产生 5000 个估计值，将它们按照数值从小到大排列，第 2.5 百分位点和第 97.5 百分位点就构成了一个置信区间为 95% 的置信区间。若该置信区间不含 0，则系数乘积显著（温忠麟和叶宝娟，2014；侯泰杰，2012）。实际使用过程中，首先检定总效果，总效果存在表示有可能存在间接效果。其次，检定间接效应的置信区间，若不含 0，则说明间接效应存在；若含 0，则说明间接效应不存在。最后，检定直接效应的置信区间，若不含 0，则说明直接效应存在，中介效应属于部分中介效应；若含 0，则说明直接效应不存在，中介效应属于完全中介效应。置信区间的统计方法包括 Bias-Corrected 方法和 Percentile 方法。

6.2 中介效应的假设检验

1. 售后感知风险在电商平台信任倾向与重复购买意愿之间的中介效应分析

图 6-1 是售后感知风险对电商平台信任倾向与重复购买意愿的中

介效应模型，表 6 – 1 是具体的分析结果。对于整体模型的配适度指标：χ^2/DF 的值为 1.04，小于 3；GFI 值为 0.956，AGFI 值为 0.948，均大于 0.9；RMSEA 值为 0.012，小于 0.08，整体模型配适度指标符合表 5 – 1 的要求，说明测量模型有效。由表 6 – 1 可知，电商平台信任倾向与售后感知风险之间的路径系数是 – 0.308（$P < 0.001$），通过显著性检验；售后感知风险与重复购买意愿之间的路径系数是 – 0.153（$P < 0.05$），通过显著性检验；电商平台信任倾向与重复购买意愿之间的路径系数是 0.474（$P < 0.001$），通过显著性检验。由此可见，售后感知风险在电商平台信任倾向与重复购买意愿之间起到中介效应。第 3 章的假设 H17a 得到验证。

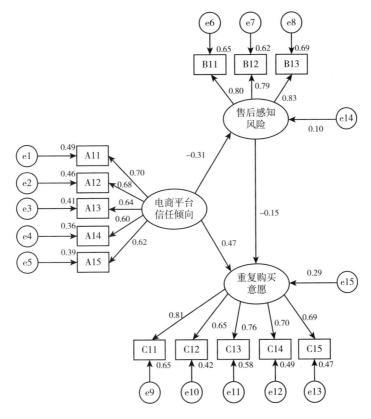

图 6 – 1　售后感知风险对电商平台信任倾向与重复购买意愿的中介效应模型

表 6-1 　　　售后感知风险对电商平台信任倾向与重复购买意愿的中介效应检验

回归路径	标准化路径系数	P	是否支持假设
售后感知风险←电商平台信任倾向	-0.308	***	支持
重复购买意愿←售后感知风险	-0.153	0.029	支持
重复购买意愿←电商平台信任倾向	0.474	***	支持

模型配适度指标: $\chi^2 = 64.449$, DF = 62, $\chi^2/DF = 1.04$, GFI = 0.956, AGFI = 0.948, RMSEA = 0.012

注: *** 表示 $P < 0.001$。

　　用 Bootstrap 方法对售后感知风险作用于电商平台信任倾向与重复购买意愿的中介效应进一步验证。由表 6-2 可知, Bias-Corrected 和 Percentile 两种方法得到的间接效应置信区间分别为 (0.015, 0.125) 和 (0.009, 0.111), 两个区间均不包含 0, 所以中介效应存在。直接效应置信区间分别为 (0.339, 0.787) 和 (0.353, 0.805), 两个区间均不包含 0, 所以直接效应存在, 由此中介效应为部分中介。据表 6-2 所示, 间接效应的点估计量为 0.055, 总效应的点估计量为 0.605, 由此可见, 售后感知风险作为电商平台信任倾向和重复购买意愿之间的中介变量, 中介效应在总效应中的占比为 9.1%。

表 6-2 　售后感知风险对于电商平台信任倾向与重复购买意愿的信赖区间法检验

回归路径	点估计量	标准误	信赖区间法			
			Bias-Corrected 95% CI		Percentile 95% CI	
			下限	上限	下限	上限
总效应						
电商平台信任倾向→重复购买意愿	0.605	0.111	0.41	0.834	0.417	0.851
间接效应						
电商平台信任倾向→重复购买意愿	0.055	0.027	0.015	0.125	0.009	0.111
直接效应						
电商平台信任倾向→重复购买意愿	0.55	0.113	0.339	0.787	0.353	0.805

2. 售后感知风险在电商平台信任倾向与公开推荐意愿之间的中介效应分析

图 6 - 2 是售后感知风险对电商平台信任倾向与公开推荐意愿的中介效应模型，表 6 - 3 是具体的分析结果。对于整体模型的配适度指标：$\chi^2 /$ DF 的值为 1.451，小于 3；GFI 值为 0.955，AGFI 值为 0.932，均大于 0.9；RMSEA 值为 0.041，小于 0.08，整体模型配适度指标符合表 5 - 1 的要求，说明测量模型有效。由表 6 - 3 可知，电商平台信任倾向与售后感知风险之间的路径系数是 - 0.308（P < 0.001），通过显著性检验；售后感知风险与公开推荐意愿之间的路径系数是 - 0.346（P < 0.001），通过显著

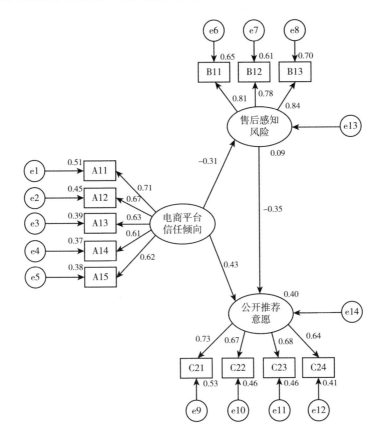

图 6 - 2　售后感知风险对电商平台信任倾向与公开推荐意愿的中介效应模型

性检验；电商平台信任倾向与公开推荐意愿之间的路径系数是 0.435（P < 0.001），通过显著性检验。由此可见，售后感知风险在电商平台信任倾向与公开推荐意愿之间起到中介效应。第 3 章的假设 H17b 得到验证。

表 6 - 3   售后感知风险对电商平台信任倾向与公开推荐意愿的中介效应检验

回归路径	标准化路径系数	P	是否支持假设
售后感知风险←电商平台信任倾向	- 0.308	***	支持
公开推荐意愿←售后感知风险	- 0.346	***	支持
公开推荐意愿←电商平台信任倾向	0.435	***	支持

模型配适度指标：$\chi^2 = 73.999$，DF = 51，$\chi^2/DF = 1.451$，GFI = 0.955，AGFI = 0.932，RMSEA = 0.041

注：*** 表示 P < 0.001。

通过 Bootstrap 方法对售后感知风险作用于电商平台信任倾向与公开推荐意愿的中介效应进一步验证。由表 6 - 4 可知，Bias-Corrected 和 Percentile 两种方法得到的间接效应置信区间分别为（0.055，0.202）和（0.047，0.187），两个区间均不包含 0，所以中介效应存在。直接效应置信区间分别为（0.285，0.669）和（0.284，0.666），两个区间均不包含 0，所以直接效应存在，由此中介效应为部分中介。据表 6 - 4 所示，间接效应的点估计量为 0.111，总效应的点估计量为 0.563，由此可见，售后感知风险作为电商平台信任倾向和公开推荐意愿之间的中介变量，中介效应在总效应中的占比为 19.72%。

表 6 - 4   售后感知风险对于电商平台信任倾向与公开推荐意愿的信赖区间法检验

回归路径	点估计量	标准误	信赖区间法			
			Bias-Corrected 95% CI		Percentile 95% CI	
			下限	上限	下限	上限
总效应						
电商平台信任倾向→ 公开推荐意愿	0.563	0.100	0.393	0.793	0.389	0.778
间接效应						
电商平台信任倾向→ 公开推荐意愿	0.111	0.036	0.055	0.202	0.047	0.187

续表

回归路径	点估计量	标准误	信赖区间法			
			Bias-Corrected 95% CI		Percentile 95% CI	
			下限	上限	下限	上限
直接效应						
电商平台信任倾向→公开推荐意愿	0.452	0.094	0.285	0.669	0.284	0.666

3. 售后感知风险在个人信任倾向与重复购买意愿之间的中介效应分析

图 6-3 是售后感知风险对个人信任倾向与重复购买意愿的中介效应模型，表 6-5 是具体的分析结果。对于整体模型的配适度指标：χ^2/DF 的值为 1.283，小于 3；GFI 值为 0.961，AGFI 值为 0.941，均大于 0.9；RMSEA 值为 0.033，小于 0.08，整体模型配适度指标符合表 5-1 的要求，

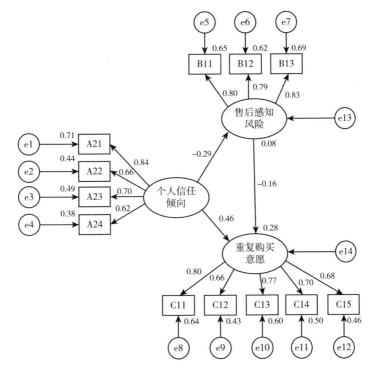

图 6-3 售后感知风险对个人信任倾向与重复购买意愿的中介效应模型

说明测量模型有效。由表 6 – 5 可知，个人信任倾向与售后感知风险之间的路径系数是 – 0.289（P < 0.001），通过显著性检验；售后感知风险与重复购买意愿之间的路径系数是 – 0.164（P < 0.05），通过显著性检验；个人信任倾向与重复购买意愿之间的路径系数是 0.461（P < 0.001），通过显著性检验。由此可见，售后感知风险在个人信任倾向与重复购买意愿之间起到中介效应。第 3 章的假设 H17c 得到验证。

表 6 – 5　售后感知风险对个人信任倾向与重复购买意愿的中介效应检验

回归路径	标准化路径系数	P	是否支持假设
售后感知风险←个人信任倾向	– 0.289	***	支持
重复购买意愿←售后感知风险	– 0.164	0.018	支持
重复购买意愿←个人信任倾向	0.461	***	支持

模型配适度指标：$\chi^2 = 65.427$，DF = 51，$\chi^2/DF = 1.283$，GFI = 0.961，AGFI = 0.941，RMSEA = 0.033

注：*** 表示 P < 0.001。

通过 Bootstrap 方法对售后感知风险作用于个人信任倾向与重复购买意愿的中介效应进一步验证。由表 6 – 6 可知，Bias-Corrected 和 Percentile 两种方法得到的间接效应置信区间分别为（0.010，0.085）和（0.006，0.078），两个区间均不包含 0，所以中介效应存在。直接效应置信区间分别为（0.189，0.581）和（0.203，0.610），两个区间均不包含 0，所以直接效应存在，由此中介效应为部分中介。据表 6 – 6 所示，间接效应的点估计量为 0.039，总效应的点估计量为 0.412，由此可见，售后感知风险作为个人信任倾向和重复购买意愿之间的中介变量，中介效应在总效应中的占比为 9.47%。

表 6 – 6　售后感知风险对于个人信任倾向与重复购买意愿的信赖区间法检验

回归路径	点估计量	标准误	信赖区间法			
			Bias-Corrected 95% CI		Percentile 95% CI	
			下限	上限	下限	上限
总效应						
个人信任倾向→ 重复购买意愿	0.412	0.101	0.233	0.629	0.242	0.639

续表

回归路径	点估计量	标准误	信赖区间法			
			Bias-Corrected 95% CI		Percentile 95% CI	
			下限	上限	下限	上限
间接效应						
个人信任倾向→ 重复购买意愿	0.039	0.018	0.010	0.085	0.006	0.078
直接效应						
个人信任倾向→ 重复购买意愿	0.374	0.103	0.189	0.581	0.203	0.610

4. 售后感知风险在个人信任倾向与公开推荐意愿之间的中介效应分析

图 6 - 4 是售后感知风险对个人信任倾向与公开推荐意愿的中介效应

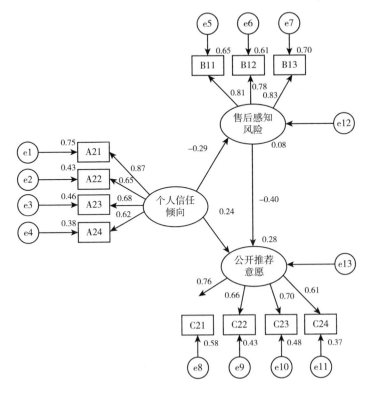

图 6 - 4　售后感知风险对个人信任倾向与公开推荐意愿的中介效应模型

模型，表 6 - 7 是具体的分析结果。对于整体模型的配适度指标：χ^2/DF 的值为 1.721，小于 3；GFI 值为 0.956，AGFI 值为 0.929，均大于 0.9；RMSEA 值为 0.052，小于 0.08，整体模型配适度指标符合表 5 - 1 的要求，说明测量模型有效。由表 6 - 7 可知，个人信任倾向与售后感知风险之间的路径系数是 - 0.287（P < 0.001），通过显著性检验；售后感知风险与公开推荐意愿之间的路径系数是 - 0.405（P < 0.001），通过显著性检验；个人信任倾向与公开推荐意愿之间的路径系数是 0.242（P < 0.01），通过显著性检验。由此可见，售后感知风险在个人信任倾向与公开推荐意愿之间起到中介效应。第 3 章的假设 H17d 得到验证。

表 6 - 7　售后感知风险对个人信任倾向与公开推荐意愿的中介效应检验

回归路径	标准化路径系数	P	是否支持假设
售后感知风险←个人信任倾向	- 0.287	***	支持
公开推荐意愿←售后感知风险	- 0.405	***	支持
公开推荐意愿←个人信任倾向	0.242	0.001	支持

模型配适度指标：$\chi^2 = 70.558$，DF = 41，$\chi^2/DF = 1.721$，GFI = 0.956，AGFI = 0.929，RMSEA = 0.052

注：*** 表示 P < 0.001。

通过 Bootstrap 方法对售后感知风险作用于个人信任倾向与公开推荐意愿的中介效应进一步验证。由表 6 - 8 可知，Bias-Corrected 和 Percentile 两种方法得到的间接效应置信区间分别为（0.045，0.161）和（0.038，0.153），两个区间均不包含 0，所以中介效应存在。直接效应置信区间分别为（0.065，0.318）和（0.072，0.330），两个区间均不包含 0，所以直接效应存在，由此中介效应为部分中介。据表 6 - 8 所示，间接效应的点估计量为 0.088，总效应的点估计量为 0.27，由此可见，售后感知风险作为个人信任倾向和公开推荐意愿之间的中介变量，中介效应在总效应中的占比为 32.59%。

表6-8　　售后感知风险对于个人信任倾向与公开推荐意愿的信赖区间法检验

回归路径	点估计量	标准误	信赖区间法			
			Bias-Corrected 95% CI		Percentile 95% CI	
			下限	上限	下限	上限
总效应						
个人信任倾向→公开推荐意愿	0.27	0.066	0.152	0.404	0.158	0.415
间接效应						
个人信任倾向→公开推荐意愿	0.088	0.029	0.045	0.161	0.038	0.153
直接效应						
个人信任倾向→公开推荐意愿	0.182	0.065	0.065	0.318	0.072	0.330

5. 售后感知风险在网络环境和制度信任倾向与重复购买意愿之间的中介效应分析

图6-5是售后感知风险对网络环境和制度信任倾向与重复购买意愿的中介效应模型，表6-9是具体的分析结果。对于整体模型的配适度指标：χ^2/DF 的值为0.799，小于3；GFI值为0.978，AGFI值为0.965，均大于0.9；RMSEA值为0.000，小于0.08，整体模型配适度指标符合表5-1的要求，说明测量模型有效。由表6-9可知，网络环境和制度信任倾向与售后感知风险之间的路径系数是-0.381（P<0.001），通过显著性检验；售后感知风险与重复购买意愿之间的路径系数是-0.143（P>0.05），未通过显著性检验；网络环境和制度信任倾向与重复购买意愿之间的路径系数是0.413（P<0.001），通过显著性检验。由此可见，售后感知风险在网络环境和制度信任倾向与重复购买意愿之间未起到中介效应。第3章的假设 H17e 未得到验证。

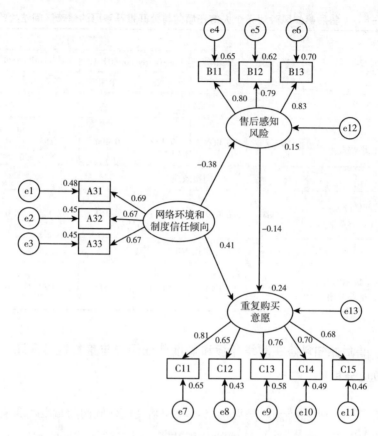

图 6 – 5 售后感知风险对网络环境和制度信任倾向

与重复购买意愿的中介效应模型

表 6 – 9   售后感知风险对网络环境和制度信任倾向

与重复购买意愿的中介效应检验

回归路径	标准化路径系数	P	是否支持假设
售后感知风险←网络环境和制度信任倾向	− 0.381	***	支持
重复购买意愿←售后感知风险	− 0.143	0.061	不支持
重复购买意愿←网络环境和制度信任倾向	0.413	***	支持

模型配适度指标：$\chi^2 = 32.750$，DF = 41，$\chi^2/DF = 0.799$，GFI = 0.978，AGFI = 0.965，RMSEA = 0.000

注： *** 表示 P < 0.001。

通过 Bootstrap 方法对售后感知风险作用于网络环境和制度信任倾向与重复购买意愿的中介效应进一步验证。由表 6 - 10 可知，Bias-Corrected 和 Percentile 两种方法得到的间接效应置信区间分别为（0.004，0.159）和（-0.001，0.15），两个区间中有一个包含 0，所以中介效应不存在。直接效应置信区间分别为（0.288，0.838）和（0.291，0.843），两个区间均不包含 0，所以直接效应存在。

表 6 - 10　售后感知风险对网络环境制度信任倾向与重复购买意愿信赖区间法检验

回归路径	点估计量	标准误	信赖区间法			
			Bias-Corrected 95% CI		Percentile 95% CI	
			下限	上限	下限	上限
总效应						
网络环境和制度信任倾向→重复购买意愿	0.576	0.131	0.384	0.895	0.382	0.895
间接效应						
网络环境和制度信任倾向→重复购买意愿	0.067	0.038	0.004	0.159	-0.001	0.15
直接效应						
网络环境和制度信任倾向→复购买意愿	0.509	0.137	0.288	0.838	0.291	0.843

6. 售后感知风险在网络环境和制度信任倾向与公开推荐意愿之间的中介效应分析

图 6 - 6 是售后感知风险对网络环境和制度信任倾向与公开推荐意愿的中介效应模型，表 6 - 11 是具体的分析结果。对于整体模型的配适度指标：χ^2/DF 的值为 1.279，小于 3；GFI 值为 0.969，AGFI 值为 0.947，均大于 0.9；RMSEA 值为 0.032，小于 0.08，整体模型配适度指标符合表 5 - 1 的要求，说明测量模型有效。由表 6 - 11 可知，网络环境和制度信任倾向与售后感知风险之间的路径系数是 -0.384（P<0.001），通过显著性检验；售后感知风险与公开推荐意愿之间的路径系数是 -0.346（P<0.001），通

过显著性检验；网络环境和制度信任倾向与公开推荐意愿之间的路径系数是 0.338（P < 0.001），通过显著性检验。由此可见，售后感知风险在网络环境和制度信任倾向与公开推荐意愿之间起到中介效应。第 3 章的假设 H17f 得到验证。

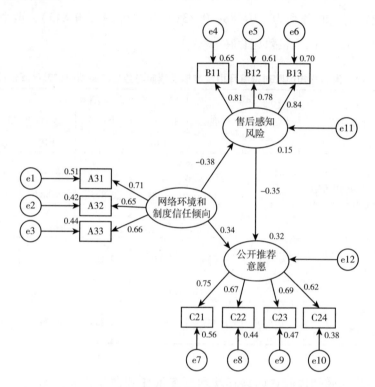

图 6 - 6　售后感知风险对网络环境和制度信任倾向与公开

推荐意愿的中介效应模型

表 6 - 11　售后感知风险对网络环境和制度信任倾向与公开推荐意愿的中介效应检验

回归路径	标准化路径系数	P	是否支持假设
售后感知风险←网络环境和制度信任倾向	− 0.384	***	支持
公开推荐意愿←售后感知风险	− 0.346	***	支持
公开推荐意愿←网络环境和制度信任倾向	0.338	***	支持

模型配适度指标：$\chi^2 = 40.941$，DF = 32，$\chi^2/DF = 1.279$，GFI = 0.969，AGFI = 0.947，RMSEA = 0.032

注：*** 表示 P < 0.001。

通过 Bootstrap 方法对售后感知风险作用于网络环境和制度信任倾向与公开推荐意愿的中介效应进一步验证。由表 6 - 12 可知，Bias-Corrected 和 Percentile 两种方法得到的间接效应置信区间分别为（0.079，0.280）和（0.063，0.254），两个区间均不包含 0，所以中介效应存在。直接效应置信区间分别为（0.196，0.597）和（0.204，0.613），两个区间均不包含 0，所以直接效应存在，由此中介效应为部分中介。据表 6 - 12 所示，间接效应的点估计量为 0.149，总效应的点估计量为 0.529，由此可见，售后感知风险作为网络环境和制度信任倾向与公开推荐意愿之间的中介变量，中介效应在总效应中的占比为 28.17%。

表 6 - 12　售后感知风险对网络环境制度信任倾向与公开推荐意愿信赖区间法检验

回归路径	点估计量	标准误	信赖区间法			
			Bias-Corrected 95% CI		Percentile 95% CI	
			下限	上限	下限	上限
总效应						
网络环境和制度信任倾向→公开推荐意愿	0.529	0.104	0.354	0.774	0.346	0.764
间接效应						
网络环境和制度信任倾向→公开推荐意愿	0.149	0.048	0.079	0.280	0.063	0.254
直接效应						
网络环境和制度信任倾向→公开推荐意愿	0.38	0.103	0.196	0.597	0.204	0.613

7. 配送感知风险在电商平台信任倾向与重复购买意愿之间的中介效应分析

图 6 - 7 是配送感知风险对电商平台信任倾向与重复购买意愿的中介效应模型，表 6 - 13 是具体的分析结果。对于整体模型的配适度指标：χ^2/DF 的值为 1.191，小于 3；GFI 值为 0.959，AGFI 值为 0.940，均大于 0.9；RMSEA 值为 0.027，小于 0.08，整体模型配适度指标符合表 5 - 1 的

要求，说明测量模型有效。由表 6 – 13 可知，电商平台信任倾向与配送感知风险之间的路径系数是 – 0.380（P < 0.001），通过显著性检验；配送感知风险与重复购买意愿之间的路径系数是 – 0.111（P > 0.05），未通过显著性检验；电商平台信任倾向与重复购买意愿之间的路径系数是 0.480（P < 0.001），通过显著性检验。由此可见，配送感知风险在电商平台信任倾向与重复购买意愿之间未起到中介效应。第 3 章的假设 H17g 未得到验证。

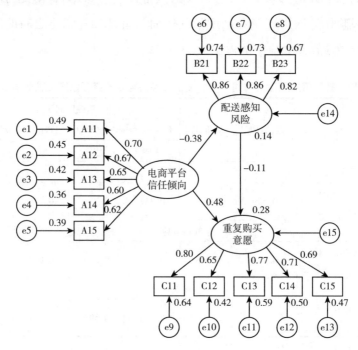

图 6 – 7　配送感知风险对电商平台信任倾向与重复购买意愿的中介效应模型

表 6 – 13　配送感知风险对电商平台信任倾向与重复购买意愿的中介效应检验

回归路径	标准化路径系数	P	是否支持假设
配送感知风险←电商平台信任倾向	– 0.380	***	支持
重复购买意愿←配送感知风险	– 0.111	0.121	不支持
重复购买意愿←电商平台信任倾向	0.480	***	支持

模型配适度指标：$\chi^2 = 73.870$，DF = 62，$\chi^2/DF = 1.191$，GFI = 0.959，AGFI = 0.940，RMSEA = 0.027

注：*** 表示 P < 0.001。

通过 Bootstrap 方法对配送感知风险作用于电商平台信任倾向与重复购买意愿的中介效应进一步验证。由表 6 - 14 可知，Bias-Corrected 和 Percentile 两种方法得到的间接效应置信区间分别为（- 0.011，0.121）和（- 0.021，0.114），两个区间均包含 0，所以中介效应不存在。直接效应置信区间分别为（0.344，0.799）和（0.354，0.822），两个区间均不包含 0，所以直接效应存在。

表 6 - 14　配送感知风险对于电商平台信任倾向与重复购买意愿信赖区间法检验

回归路径	点估计量	标准误	信赖区间法			
			Bias-Corrected 95% CI		Percentile 95% CI	
			下限	上限	下限	上限
总效应						
电商平台信任倾向→重复购买意愿	0.611	0.111	0.412	0.836	0.423	0.853
间接效应						
电商平台信任倾向→重复购买意愿	0.049	0.033	- 0.011	0.121	- 0.021	0.114
直接效应						
电商平台信任倾向→重复购买意愿	0.562	0.121	0.344	0.799	0.354	0.822

8. 配送感知风险在电商平台信任倾向与公开推荐意愿之间的中介效应分析

图 6 - 8 是配送感知风险对电商平台信任倾向与公开推荐意愿的中介效应模型，表 6 - 15 是具体的分析结果。对于整体模型的配适度指标：χ^2/DF 的值为 1.365，小于 3；GFI 值为 0.959，AGFI 值为 0.937，均大于 0.9；RMSEA 值为 0.037，小于 0.08，整体模型配适度指标符合表 5 - 1 的要求，说明测量模型有效。由表 6 - 15 可知，电商平台信任倾向与配送感知风险之间的路径系数是 - 0.380（P < 0.001），通过显著性检验；配送感知风险与公开推荐意愿之间的路径系数是 - 0.106（P > 0.05），未通过显著

性检验；电商平台信任倾向与公开推荐意愿之间的路径系数是 0.471（P < 0.001），通过显著性检验。由此可见，配送感知风险在电商平台信任倾向与公开推荐意愿之间未起到中介效应。第 3 章的假设 H17h 未得到验证。

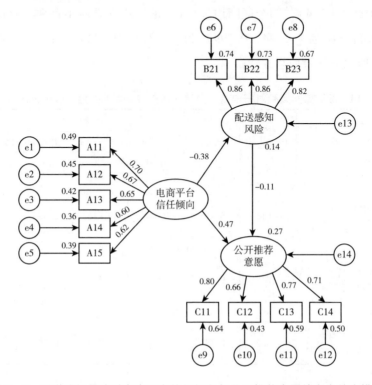

图 6 - 8　配送感知风险对电商平台信任倾向与公开推荐意愿的中介效应模型

表 6 - 15　配送感知风险对电商平台信任倾向与公开推荐意愿的中介效应检验

回归路径	标准化路径系数	P	是否支持假设
配送感知风险←电商平台信任倾向	- 0.380	***	支持
公开推荐意愿←配送感知风险	- 0.106	0.147	不支持
公开推荐意愿←电商平台信任倾向	0.471	***	支持

模型配适度指标：$\chi^2 = 69.605$，DF = 51，$\chi^2/DF = 1.365$，GFI = 0.959，AGFI = 0.937，RMSEA = 0.037

注：*** 表示 P < 0.001。

　　通过 Bootstrap 方法对配送感知风险作用于电商平台信任倾向与公开推

荐意愿的中介效应进一步验证。由表 6 – 16 可知，Bias-Corrected 和 Percentile 两种方法得到的间接效应置信区间分别为（– 0.016，0.125）和（– 0.025，0.112），两个区间均包含 0，所以中介效应不存在。直接效应置信区间分别为（0.320，0.786）和（0.344，0.807），两个区间均不包含 0，所以直接效应存在。

表 6 – 16　配送感知风险对于电商平台信任倾向与公开推荐意愿的信赖区间法检验

回归路径	点估计量	标准误	信赖区间法			
			Bias-Corrected 95% CI		Percentile 95% CI	
			下限	上限	下限	上限
总效应						
电商平台信任倾向→公开推荐意愿	0.596	0.113	0.394	0.821	0.402	0.835
间接效应						
电商平台信任倾向→公开推荐意愿	0.047	0.034	– 0.016	0.125	– 0.025	0.112
直接效应						
电商平台信任倾向→公开推荐意愿	0.549	0.122	0.320	0.786	0.344	0.807

9. 配送感知风险在个人信任倾向与重复购买意愿之间的中介效应分析

图 6 – 9 是配送感知风险对个人信任倾向与重复购买意愿的中介效应模型，表 6 – 17 是具体的分析结果。对于整体模型的配适度指标：χ^2/DF 的值为 1.532，小于 3；GFI 值为 0.953，AGFI 值为 0.927，均大于 0.9；RMSEA 值为 0.045，小于 0.08，整体模型配适度指标符合表 5 – 1 的要求，说明测量模型有效。由表 6 – 17 可知，个人信任倾向与配送感知风险之间的路径系数是 – 0.286（P < 0.001），通过显著性检验；配送感知风险与重复购买意愿之间的路径系数是 – 0.159（P < 0.05），通过显著性检验；个人信任倾向与重复购买意愿之间的路径系数是 0.468（P < 0.001），通过

显著性检验。由此可见，配送感知风险在个人信任倾向与重复购买意愿之间起到中介效应。第 3 章的假设 H17i 得到验证。

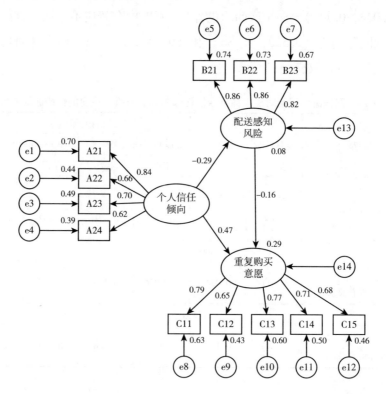

图 6-9　配送感知风险对个人信任倾向与重复购买意愿的中介效应模型

表 6-17　　配送感知风险对个人信任倾向与重复购买意愿的中介效应检验

回归路径	标准化路径系数	P	是否支持假设
配送感知风险←个人信任倾向	-0.286	***	支持
重复购买意愿←配送感知风险	-0.159	0.019	支持
重复购买意愿←个人信任倾向	0.468	***	支持

模型配适度指标：$\chi^2 = 78.126$，DF = 51，$\chi^2/DF = 1.532$，GFI = 0.953，AGFI = 0.927，RMSEA = 0.045

注：*** 表示 $P < 0.001$。

通过 Bootstrap 方法对配送感知风险作用于个人信任倾向与重复购买意愿的中介效应进一步验证。由表 6-18 可知，Bias-Corrected 和 Percentile 两种方法得到的间接效应置信区间分别为（0.008，0.110）和（0.004，

0.092），两个区间均不包含 0，所以中介效应存在。直接效应置信区间分别为（0.230，0.626）和（0.238，0.650），两个区间均不包含 0，所以直接效应存在，由此中介效应为部分中介。据表 6－18 所示，间接效应的点估计量为 0.040，总效应的点估计量为 0.450，由此可见，配送感知风险作为个人信任倾向和重复购买意愿之间的中介变量，中介效应在总效应中的占比为 8.89%。

表 6－18 配送感知风险对于个人信任倾向与重复购买意愿的信赖区间法检验

回归路径	点估计量	标准误	信赖区间法			
			Bias-Corrected 95% CI		Percentile 95% CI	
			下限	上限	下限	上限
总效应						
个人信任倾向→重复购买意愿	0.450	0.100	0.275	0.662	0.283	0.682
间接效应						
个人信任倾向→重复购买意愿	0.040	0.023	0.008	0.110	0.004	0.092
直接效应						
个人信任倾向→重复购买意愿	0.411	0.104	0.230	0.626	0.238	0.650

10. 配送感知风险在个人信任倾向与公开推荐意愿之间的中介效应分析

图 6－10 是配送感知风险对个人信任倾向与公开推荐意愿的中介效应模型，表 6－19 是具体的分析结果。对于整体模型的配适度指标：χ^2/DF 的值为 2.161，小于 3；GFI 值为 0.944，AGFI 值为 0.909，均大于 0.9；RMSEA 值为 0.066，小于 0.08，整体模型配适度指标符合表 5－1 的要求，说明测量模型有效。由表 6－20 可知，个人信任倾向与配送感知风险之间的路径系数是 －0.279（P＜0.001），通过显著性检验；配送感知风险与公开推荐意愿之间的路径系数是 －0.275（P＜0.001），通过显著性检验；个

人信任倾向与公开推荐意愿之间的路径系数是 0.287（P < 0.001），通过显著性检验。由此可见，配送感知风险在个人信任倾向与公开推荐意愿之间起到中介效应。第 3 章的假设 H17j 得到验证。

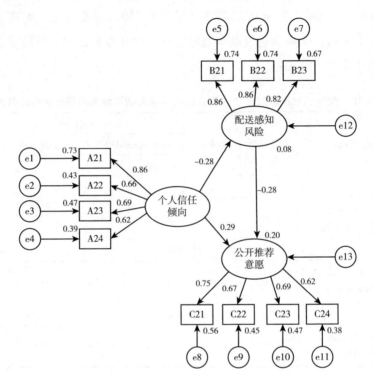

图 6 – 10　配送感知风险对个人信任倾向与公开推荐意愿的中介效应模型

表 6 – 19　配送感知风险对个人信任倾向与公开推荐意愿的中介效应检验

回归路径	标准化路径系数	P	是否支持假设
配送感知风险←个人信任倾向	− 0.279	***	支持
公开推荐意愿←配送感知风险	− 0.275	***	支持
公开推荐意愿←个人信任倾向	0.287	***	支持

模型配适度指标：$\chi^2 = 88.597$，DF = 41，$\chi^2/DF = 2.161$，GFI = 0.944，AGFI = 0.909，RMSEA = 0.066

注：*** 表示 P < 0.001。

　　通过 Bootstrap 方法对配送感知风险作用于个人信任倾向与公开推荐意愿的中介效应进一步验证。由表 6 – 20 可知，Bias-Corrected 和 Percentile 两种方法得到的间接效应置信区间分别为（0.014，0.118）和（0.012，0.107），两个区间均不包含0，所以中介效应存在。直接效应置信区间分别为（0.083，0.278）和（0.088，0.283），两个区间均不包含0，所以直接效应存在，由此中介效应为部分中介。据表6-20所示，间接效应的点估计量为0.047，总效应的点估计量为0.223，由此可见，配送感知风险作为个人信任倾向和公开推荐意愿之间的中介变量，中介效应在总效应中的占比为21.08%。

表 6-20 配送感知风险对于个人信任倾向与公开推荐意愿的信赖区间法检验

回归路径	点估计量	标准误	信赖区间法			
			Bias-Corrected 95% CI		Percentile 95% CI	
			下限	上限	下限	上限
总效应						
个人信任倾向→公开推荐意愿	0.223	0.054	0.13	0.342	0.133	0.346
间接效应						
个人信任倾向→公开推荐意愿	0.047	0.025	0.014	0.118	0.012	0.107
直接效应						
个人信任倾向→公开推荐意愿	0.176	0.05	0.083	0.278	0.088	0.283

11. 配送感知风险在网络环境和制度信任倾向与重复购买意愿之间的中介效应分析

图6-11是配送感知风险对网络环境和制度信任倾向与重复购买意愿的中介效应模型，表6-21是具体的分析结果。对于整体模型的配适度指标：χ^2/DF的值为1.036，小于3；GFI值为0.972，AGFI值为0.954，均大于0.9；RMSEA值为0.012，小于0.08，整体模型配适度指标符合表5-1的要求，说明测量模型有效。由表6-20可知，网络环境和制度信任倾向与配送感知风险之间的路径系数是-0.291（$P < 0.001$），通过显著性检验；配送感知风险与重复购买意愿之间的路径系数是-0.171（$P < 0.05$），通

过显著性检验；网络环境和制度信任倾向与重复购买意愿之间的路径系数是 0.419（P < 0.001），通过显著性检验。由此可见，配送感知风险在网络环境和制度信任倾向与重复购买意愿之间起到中介效应。第 3 章的假设 H17k 得到验证。

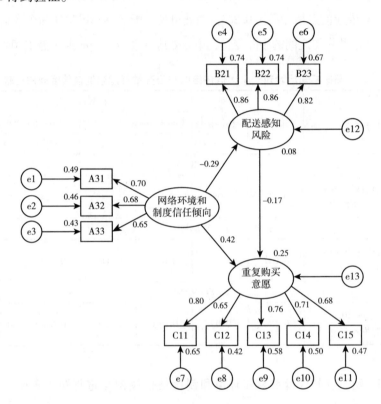

图 6 – 11　配送感知风险对网络环境和制度信任倾向
与重复购买意愿的中介效应模型

表 6 – 21　配送感知风险对网络环境和制度信任倾向与重复购买意愿的中介效应检验

回归路径	标准化路径系数	P	是否支持假设
配送感知风险←网络环境和制度信任倾向	– 0.291	***	支持
重复购买意愿←配送感知风险	– 0.171	0.015	支持
重复购买意愿←网络环境和制度信任倾向	0.419	***	支持

模型配适度指标：$\chi^2 = 42.470$，DF = 41，$\chi^2/DF = 1.036$，GFI = 0.972，AGFI = 0.954，RMSEA = 0.012

注：*** 表示 P < 0.001。

通过 Bootstrap 方法对配送感知风险作用于网络环境和制度信任倾向与重复购买意愿的中介效应进一步验证。由表 6 – 22 可知，Bias-Corrected 和 Percentile 两种方法得到的间接效应置信区间分别为（0.017，0.147）和（0.007，0.129），两个区间均不包含 0，所以中介效应存在。直接效应置信区间分别为（0.322，0.851）和（0.331，0.861），两个区间均不包含 0，所以直接效应存在，由此中介效应为部分中介。据表 6 – 22 所示，间接效应的点估计量为 0.064，总效应的点估计量为 0.604，由此可见，配送感知风险作为网络环境和制度信任倾向和重复购买意愿之间的中介变量，中介效应在总效应中的占比为 10.60%。

表 6 – 22　　　　　配送感知风险对于网络环境和制度信任倾向

与重复购买意愿信赖区间法检验

回归路径	点估计量	标准误	信赖区间法			
			Bias-Corrected 95% CI		Percentile 95% CI	
			下限	上限	下限	上限
总效应						
网络环境和制度信任倾向→重复购买意愿	0.604	0.126	0.403	0.901	0.407	0.901
间接效应						
网络环境和制度信任倾向→重复购买意愿	0.064	0.031	0.017	0.147	0.007	0.129
直接效应						
网络环境和制度信任倾向→重复购买意愿	0.54	0.133	0.322	0.851	0.331	0.861

12. 配送感知风险在网络环境和制度信任倾向与公开推荐意愿之间的中介效应分析

图 6 – 12 是配送感知风险对网络环境和制度信任倾向与公开推荐意愿的中介效应模型，表 6 – 23 是具体的分析结果。对于整体模型的配适度指标：　*129*

χ^2/DF 的值为 1.548，小于 3；GFI 值为 0.963，AGFI 值为 0.936，均大于 0.9；RMSEA 值为 0.045，小于 0.08，整体模型配适度指标符合表 5-1 的要求，说明测量模型有效。由表 6-23 可知，网络环境和制度信任倾向与配送感知风险之间的路径系数是 -0.297（P < 0.001），通过显著性检验；配送感知风险与公开推荐意愿之间的路径系数是 -0.240（P < 0.01），通过显著性检验；网络环境和制度信任倾向与公开推荐意愿之间的路径系数是 0.406（P < 0.001），通过显著性检验。由此可见，配送感知风险在网络环境和制度信任倾向与公开推荐意愿之间起到中介效应。第 3 章的假设 H17l 得到验证。

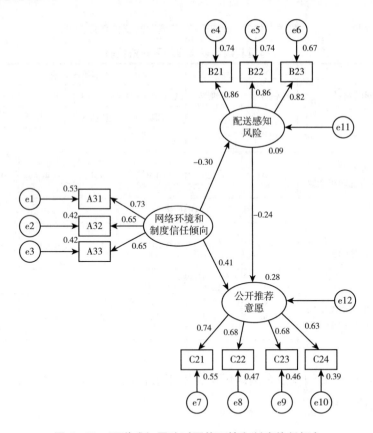

图 6-12　配送感知风险对网络环境和制度信任倾向与公开推荐意愿的中介效应模型

表 6－23　配送感知风险对网络环境和制度信任倾向与公开推荐意愿的中介效应检验

回归路径	标准化路径系数	P	是否支持假设
配送感知风险←网络环境和制度信任倾向	－ 0.297	***	支持
公开推荐意愿←配送感知风险	－ 0.240	0.001	支持
公开推荐意愿←网络环境和制度信任倾向	0.406	***	支持

模型配适度指标：$\chi^2 = 49.522$，DF $= 32$，$\chi^2/\text{DF} = 1.548$，GFI $= 0.963$，AGFI $= 0.936$，RMSEA $= 0.045$

注：*** 表示 $P < 0.001$。

通过 Bootstrap 方法对配送感知风险作用于网络环境和制度信任倾向与公开推荐意愿的中介效应进一步验证。由表 6－24 可知，Bias-Corrected 和 Percentile 两种方法得到的间接效应置信区间分别为（0.028，0.168）和（0.018，0.151），两个区间均不包含 0，所以中介效应存在。直接效应置信区间分别为（0.270，0.674）和（0.266，0.666），两个区间均不包含 0，所以直接效应存在，由此中介效应为部分中介。据表 6－24 所示，间接效应的点估计量为 0.077，总效应的点估计量为 0.517，由此可见，配送感知风险作为网络环境和制度信任倾向和公开推荐意愿之间的中介变量，中介效应在总效应中的占比为 14.89%。

表 6－24　配送感知风险对于网络环境和制度信任倾向与公开推荐意愿信赖区间法检验

回归路径	点估计量	标准误	信赖区间法			
			Bias-Corrected 95% CI		Percentile 95% CI	
			下限	上限	下限	上限
总效应						
网络环境和制度信任倾向→公开推荐意愿	0.517	0.101	0.344	0.747	0.340	0.731
间接效应						
网络环境和制度信任倾向→公开推荐意愿	0.077	0.033	0.028	0.168	0.018	0.151
直接效应						
网络环境和制度信任倾向→公开推荐意愿	0.440	0.101	0.270	0.674	0.266	0.666

6.3 本章小结

本章首先对中介效应的检定方法进行回顾，分析逐步法、Sobel 检验、M 检验、信赖区间法等方法的优缺点，阐明信赖区间法作为本研究中介效应检定方法的原因。随后，通过信赖区间法对感知风险在信任倾向和购买意愿之间的中介效应进行检定，检定结果表明 H17a、H17b、H17c、H17d、H17f、H17i、H17j、H17k、H17l 共计 9 条假设得到验证，而 H17e、H17g、H17h 共计 3 条假设未得到验证。图 6 – 13 对感知风险在信任倾向和购买意愿之间的中介效应进行了汇总。

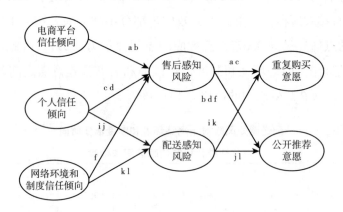

图 6 – 13　感知风险在信任倾向和购买意愿之间的中介效应汇总

第7章

电子商务特性对信任倾向
与购买意愿的调节效应分析

7.1 调节效应的分析方法

调节效应分析主要分成两大类进行讨论。第一类，若自变量、因变量和调节变量都是可以直接观测的显变量，则使用观察变量的调节效应分析法；第二类，若自变量、因变量和调节变量中至少有一个是不能直接观测的潜变量，则使用潜在变量的调节效应分析。

7.1.1 观察变量的调节效应分析方法

观察变量的调节效应检验方法根据调节变量为连续或类别变量，以及自变量为连续或类别变量的情况，共计有 $2 \times 2 = 4$ 种情形。观察变量的调节效应分析见表 7-1。

情形一：当 X、M 均为类别变量，Y 为连续变量时，采用两个变量有交互作用的变异数分析，直接检定 X、M 交互作用是否存在，若交互作用项的显著性水平小于 0.05，则存在交互作用，亦存在调节效应。

表 7 - 1　　　　　　　　　　　观察变量的调节效应分析

调节变量 (M)	自变量 (X)	
	类别	连续
类别	两个变量有交互作用的变异数分析（ANOVA），交互作用即调节效应	分组做回归，得到 r_1、r_2，再利用费雪 Z 转换比较差异显著性，显著即有调节效应
连续	自变量改为虚拟变量，将自变量和调节变量中心化 $Y = aX + bM + cXM + e$ 做层级回归： （1）做 Y 对 X 和 M 的回归得到系数 R_1^2； （2）做 Y 对 X、M 和 XM 回归得到系数 R_2^2； （3）若 R_2^2 显著高于 R_1^2，则 M 为调节变量	方法一：将 M 化为二分变量，采用分组做回归，得到 r_1、r_2，再利用费雪 Z 转换比较差异显著性，显著即有调节效应。 方法二：直接使用层级回归。 方法三：采用多元回归，看 b_1 是否显著

资料来源：张伟豪（2012）；吴明隆（2010）；温忠麟、侯泰杰、张雷（2005）。

情形二：当 X 为连续变量，M 为类别变量，Y 为连续变量时，将调节变量分成两组，分组做回归，得到两个标准化系数 r_1、r_2，再利用费雪 Z 转换比较 r_1 和 r_2 是否有显著差异，若有显著差异即调节效应存在。该方法要求两群组之间必须同质（可用 t 检验中的 Levene F 同构形检定），调节变量与因变量之间若衡量误差差异过大，则会造成自变量与因变量之间的相关不真实。

情形三：当 X 为类别变量，M 为连续变量，Y 为连续变量时，将 X 转变为虚拟变数，做层级回归，在 SPSS 回归中，因变量放 Y，X 及 M 放在自变量，下一层放入交互作用项 XM，勾选 R^2 改变量检定，显著则代表 M 为调节变量。

情形四：当 X、M 为连续变量，Y 为连续变量时，共有 3 种方法。方法一即为情形二的方法，将 M 化为二分变量，采用分组做回归，得到 r_1、r_2，再利用费雪 Z 转换比较差异显著性，显著即有调节效应。方法二为情形三的方法，做层级回归，显著则代表 M 为调节变量。方法三即采用多元回归，看 b_1 是否显著，显著则代表 M 为调节变量。

7.1.2　潜在变量的调节效应分析方法

潜在变量的调节效应检验方法根据调节变量为连续或类别变量，自变量和因变量均为连续，共计有 2 种情形。潜在变量的调节效应分析见表 7 - 2。

表 7 - 2　　　　　　　　　　潜在变量的调节效应分析

调节变量 (M)	自变量 (X)	因变量 (Y)
	连续	连续
类别	方法一：采用 Amos 群组分析，检定两群组之间的结构系数、共生系数及衡量负荷量是否有所差异，结果若显著，表示有差异，则调节效应存在。 方法二：利用 Amos 的 Manage 模型，设定 $B_1 = B_2$，若不显著则表示调节效应存在	Y 取平均数
连续	方法一（Ping, 1995）：将交互作用简化成一个指标，数据 X（因变量）、Z（调节变量）进行中心化处理，交乘后运用 Amos 软件，若交互作用项显著，代表调节效应存在。 方法二（Ping, 1996）： （1）对数据进行中心化处理； （2）运用 Amos 软件，估计主效果的因素负荷量及残差； （3）将步骤（2）所得值经过平（Ping, 1995, 1996）的方法对交互作用项的因素负荷量及残差加以固定； （4）分析结果，若交互作用项显著，则代表调节效应存在	Y 取平均数

资料来源：张伟豪（2013）；吴明隆（2010）；温忠麟、侯泰杰、张雷（2005）。

情形一：当 X、Y 均为连续变量，M 为类别变量时，共有 2 种方法。方法一采用 Amos 群组分析，检定两群组之间的结构系数、共生系数及衡量负荷量是否有所差异，结果若显著，表示有差异，则调节效应存在。方法二采用 Amos 软件的 Manage 模型，设定 $B_1 = B_2$，若不显著则表示调节效应存在。

情形二：当 X、Y 均为连续变量，M 也为连续变量时，共有 2 种方法。

方法一采用平（ping, 1995）方法，将交互作用简化成一个指标，数据 X、Z 进行中心化处理，交乘后运用 Amos 软件，若交互作用项显著，代表调节效应存在。该方法要求构念总数量不超过 10 题，因变量取平均数。方法二采用平（Ping, 1996）方法。第一步，对数据进行中心化处理；第二步，运用 Amos 软件估计主效果的因素负荷量及残差；第三步，将第二步所得值经过平（Ping, 1995, 1996）的方法对交互作用项的因素负荷量及残差加以固定；第四步，若交互作用项显著，则代表调节效应存在。该方法要求每一潜在变量只选取因素负荷量最高的 3 题，因变量取平均数。本书对于调节效应的检定选取平（Ping, 1996）的方法。

7.2 信息过载性对信任倾向与购买意愿的调节效应分析

7.2.1 信息过载性对电商平台信任倾向与重复购买意愿的调节效应分析

本书采纳平（Ping, 1996）调节效应二阶段估计的步骤和运作逻辑，首先对每一潜在变量挑选因素负荷量较高的三个指标，电商平台信任倾向选取 A11、A12 和 A15 三个指标，信息过载性选取 D11、D12 和 D13 三个指标，进行中心化处理后重新命名为 CA11、CA12、CA15、CD11、CD12、CD13。重复购买意愿选取 C11～C15 的平均数，重新命名为 Y1。构建信息过载性对电商平台信任倾向与重复购买意愿的调节效应结构方程模型（囊括调节变量、不囊括交互乘积项），如图 7-1 所示。

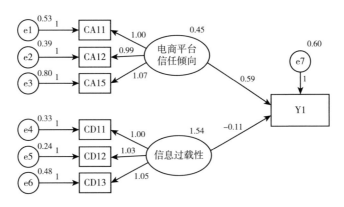

图 7 – 1　信息过载性对电商平台信任倾向与重复购买意愿的调节效应结构方程模型

（囊括调节变量，不囊括交互乘积项）

表 7 – 3 为电商平台信任倾向、信息过载性影响重复购买意愿的实证结果汇总表。整体模型的配适度指标如下：χ^2/DF 的值为 0.629，小于 3；GFI 值为 0.991，AGFI 值为 0.981，均大于 0.9；RMSEA 值为 0.000，小于 0.08。整体模型配适度指标符合表 5 – 1 的要求，说明测量模型有效。由表 7 – 3 可知，电商平台信任倾向与重复购买意愿之间的非标准化路径系数是 0.588（P < 0.001），通过显著性检验；信息过载性与重复购买意愿之间的非标准化路径系数是 – 0.106（P < 0.05），通过显著性检验。

表 7 – 3　电商平台信任倾向、信息过载性影响重复购买意愿实证结果汇总

（非标准化估计）

回归路径	估值	S. E.	CR	P	模型拟合结果
CA11←电商平台信任倾向	1				
CA12←电商平台信任倾向	0.987	0.127	7.766	***	$\chi^2 = 8.177$,
CA15←电商平台信任倾向	1.066	0.143	7.469	***	DF = 13, $\chi^2/DF = 0.629$,
CD11←信息过载性	1				GFI = 0.991,
CD12←信息过载性	1.032	0.043	23.903	***	AGFI = 0.981,
CD13←信息过载性	1.049	0.049	21.461	***	RMSEA = 0.000
Y1←电商平台信任倾向	0.588	0.1	5.884	***	
Y1←信息过载性	– 0.106	0.041	– 2.582	0.01	

注：*** 表示 P < 0.001。

其次，构建信息过载性对电商平台信任倾向与重复购买意愿的调节效应结构方程模型（囊括调节变量、交互乘积项），见图 7 – 2。CA11、CA12、CA15 代表主效应，CD11、CD12、CD13 代表调节效应，CA11、CA12、CA15，CD11、CD12、CD13 两组变量依次交乘，得到 X1Z1 ~ X3Z3 共计 9 个交互乘积项，构成第三个潜在变量。

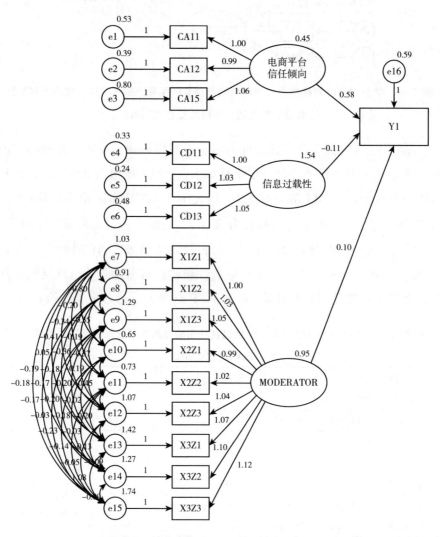

图 7 – 2　信息过载性对电商平台信任倾向与重复购买意愿的调节效应结构方程模型
（囊括调节变量、交互乘积项）

再其次，采用平（Ping，1995，1996）的二阶段估计方法对交互作用项的因素负荷量及残差加以固定。将图 7 - 1 中 CA11、CA12、CA15、CD11、CD12、CD13 的非标准化路径系数及残差代入表 7 - 4，输出 X1Z1～X3Z3 共计 9 个交互乘积项的因素负荷量及残差，输出结果见表 7 - 5。并将它们固定在囊括交互乘积项的结构方程模型中（见图 7 - 2）。

表 7 - 4　　　　　　　　　　针对图 7 - 1 模型输入的系数

系数	X1	X2	X3	Z1	Z2	Z3
lambda	1	0.99	1.07	1	1.03	1.05
theta	0.53	0.39	0.8	0.33	0.24	0.48

表 7 - 5　　　　　　　　　　图 7 - 1 模型输出的系数

系数	X1Z1	X1Z2	X1Z3	X2Z1	X2Z2	X2Z3	X3Z1	X3Z2	X3Z3
lambda	1	1.03	1.05	0.99	1.0197	1.0395	1.07	1.1021	1.1235
theta	1.0349	0.9131	1.2909	0.6474	0.7329	1.0719	1.4171	1.2728	1.7376

最后，得到囊括交互乘积项的结构方程模型非标准化路径系数和显著性水平，见表 7 - 6。对于整体模型的配适度指标如下：χ^2/DF 的值为 1.784，小于 3；GFI 值为 0.939，AGFI 值为 0.900，均大于 0.8；RMSEA 值为 0.054，小于 0.08，整体模型配适度指标符合表 5 - 1 的要求，说明测量模型有效。由表 7 - 6 可知，电商平台信任倾向和信息过载性的交互乘积项对重复购买意愿具有显著的正向影响（非标准化的路径系数为 0.104，$P < 0.05$）。同时，电商平台信任倾向对重复购买意愿具有显著的正向影响（非标准化的路径系数为 0.581，$P < 0.001$）。由此表明，信息过载性水平的提高，减弱了电商平台信任倾向对重复购买意愿的正向影响。信息过载性对于电商平台信任倾向与重复购买意愿的调节效应存在。第 3 章的假设 H18a 得到验证。

表7-6 信息过载性对电商平台信任倾向与重复购买意愿调节效应的实证结果汇总

（非标准化估计）

回归路径	估值	S. E.	CR	P	模型拟合结果
CA11←电商平台信任倾向	1				
CA12←电商平台信任倾向	0.985	0.127	7.77	***	
CA15←电商平台信任倾向	1.059	0.142	7.46	***	
CD11←信息过载性	1				
CD12←信息过载性	1.032	0.043	23.905	***	
CD13←信息过载性	1.049	0.049	21.463	***	
Y1←电商平台信任倾向	0.581	0.099	5.878	***	
Y1←信息过载性	-0.112	0.041	-2.752	0.006	$\chi^2 = 148.033$,
X1Z1←MODERATOR	1				DF = 83,
X1Z2←MODERATOR	1.03				$\chi^2/DF = 1.784$,
X1Z3←MODERATOR	1.05				GFI = 0.939,
X2Z1←MODERATOR	0.99				AGFI = 0.900,
X2Z2←MODERATOR	1.02				RMSEA = 0.054
X2Z3←MODERATOR	1.04				
X3Z1←MODERATOR	1.07				
X3Z2←MODERATOR	1.1				
X3Z3←MODERATOR	1.12				
Y1←MODERATOR	0.104	0.053	1.957	0.05	

注：*** 表示 P < 0.001。

7.2.2 信息过载性对电商平台信任倾向与公开推荐意愿的调节效应分析

本书采纳平（Ping，1996）调节效应二阶段估计的步骤和运作逻辑，首先对每一潜在变量挑选因素负荷量较高的 3 个指标，电商平台信任倾向选取 A11、A12 和 A15 三个指标，信息过载性选取 D11、D12 和 D13 三个指标，进行中心化处理后重新命名为 CA11、CA12、CA15、CD11、CD12、CD13。公开推荐意愿选取 C21 ~ C24 的平均数，重新命名为 Y2。构建信息过载性对电商平台信任倾向与公开推荐意愿的调节效应结构方程模型（囊括调节变量、不囊括交互乘积项），见图 7 - 3。

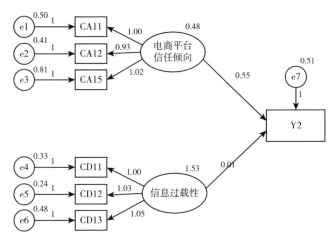

图 7 - 3　信息过载性对电商平台信任倾向与公开推荐
意愿的调节效应结构方程模型
（囊括调节变量、不囊括交互乘积项）

　　表 7 - 7 为电商平台信任倾向、信息过载性影响公开推荐意愿的实证结果汇总表。对于整体模型的配适度指标如下：χ^2/DF 的值为 0.817，小于 3；GFI 值为 0.989，AGFI 值为 0.975，均大于 0.9；RMSEA 值为 0.000，小于 0.08，整体模型配适度指标符合表 5 - 1 的要求，说明测量模型有效。由表 7 - 7 可知，电商平台信任倾向与公开推荐意愿之间的非标准化路径系数是 0.549（P < 0.001），通过显著性检验；信息过载性与公开推荐意愿之间的非标准化路径系数是 0.005（P > 0.05），未通过显著性检验。

表 7 - 7   电商平台信任倾向、信息过载性影响公开推荐意愿的实证结果汇总

（非标准化估计）

回归路径	估值	S. E.	CR	P	模型拟合结果
CA11←电商平台信任倾向	1				
CA12←电商平台信任倾向	0.929	0.118	7.85	***	
CA15←电商平台信任倾向	1.016	0.136	7.494	***	$\chi^2 = 10.617$,
CD11←信息过载性	1				DF = 13,
CD12←信息过载性	1.033	0.043	23.872	***	$\chi^2/\text{DF} = 0.817$, GFI = 0.989,
CD13←信息过载性	1.05	0.049	21.443	***	AGFI = 0.975,
Y2←电商平台信任倾向	0.549	0.09	6.096	***	RMSEA = 0.000
Y2←信息过载性	0.005	0.038	0.134	0.893	

注：*** 表示 $P < 0.001$。

其次，构建信息过载性对电商平台信任倾向与公开推荐意愿的调节效应结构方程模型（囊括调节变量、交互乘积项），见图 7 - 4。CA11、CA12、CA15 代表主效应，CD11、CD12、CD13 代表调节效应，CA11、CA12、CA15，CD11、CD12、CD13 两组变量依次交乘，得到 X1Z1 ~ X3Z3 共计 9 个交互乘积项，构成第三个潜在变量。

再其次，采用平（Ping，1995，1996）的二阶段估计方法对交互作用项的因素负荷量及残差加以固定。将图 7 - 3 中 CA11、CA12、CA15、CD11、CD12、CD13 的非标准化路径系数及残差代入表 7 - 8，输出 X1Z1 ~ X3Z3 共计 9 个交互乘积项的因素负荷量及残差，输出结果见表 7 - 9。并将它们固定在囊括交互乘积项的结构方程模型中（见图 7 - 4）。

表 7 - 8   针对图 7 - 3 模型输入的系数

系数	X1	X2	X3	Z1	Z2	Z3
lambda	1	0.93	1.02	1	1.03	1.05
theta	0.5	0.41	0.81	0.33	0.24	0.48

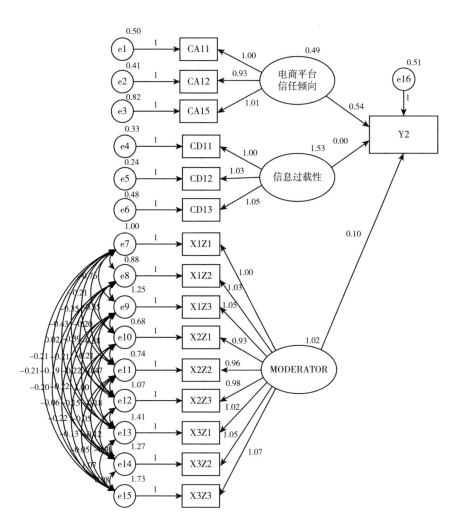

图 7 – 4 信息过载性对电商平台信任倾向与公开推荐意愿的调节效应结构方程模型

（囊括调节变量、交互乘积项）

表 7 – 9   图 7 – 3 模型输出的系数

系数	X1Z1	X1Z2	X1Z3	X2Z1	X2Z2	X2Z3	X3Z1	X3Z2	X3Z3
lambda	1	1.03	1.05	0.930	0.9579	0.9765	1.020	1.0506	1.071
theta	0.995	0.875	1.245	0.6806	0.7439	1.0737	1.4139	1.2735	1.7289

最后，得到囊括交互乘积项的结构方程模型非标准化路径系数和显著

性水平，见表 7 – 10。对于整体模型的配适度指标如下：χ^2/DF 的值为 1.791，小于 3；GFI 值为 0.938，AGFI 值为 0.898，均大于 0.8；RMSEA 值为 0.055，小于 0.08，整体模型配适度指标符合表 5 – 1 的要求，说明测量模型有效。由表 7 – 10 可知，电商平台信任倾向和信息过载性的交互乘积项对公开推荐意愿具有显著的正向影响（非标准化的路径系数为 0.102，$P < 0.05$）。同时，电商平台信任倾向对公开推荐意愿具有显著的正向影响（非标准化的路径系数为 0.542，$P < 0.001$）。由此表明，信息过载性水平的提高，减弱了电商平台信任倾向对公开推荐意愿的正向影响。信息过载性对于电商平台信任倾向与公开推荐意愿的调节效应存在。第 3 章的假设 H18b 得到验证。

表 7 – 10　信息过载性对电商平台信任倾向与公开推荐意愿调节效应的实证结果汇总（非标准化估计）

回归路径	估值	S. E.	CR	P	模型拟合结果
CA11←电商平台信任倾向	1				
CA12←电商平台信任倾向	0.926	0.118	7.857	***	
CA15←电商平台信任倾向	1.007	0.135	7.482	***	
CD11←信息过载性	1				
CD12←信息过载性	1.033	0.043	23.874	***	
CD13←信息过载性	1.05	0.049	21.444	***	
Y2←电商平台信任倾向	0.542	0.089	6.101	***	$\chi^2 = 148.625$,
Y2←信息过载性	−0.001	0.038	−0.037	0.97	$DF = 83$, $\chi^2/DF = 1.791$,
X1Z1←MODERATOR	1				GFI = 0.938,
X1Z2←MODERATOR	1.03				AGFI = 0.898,
X1Z3←MODERATOR	1.05				RMSEA = 0.055
X2Z1←MODERATOR	0.93				
X2Z2←MODERATOR	0.96				
X2Z3←MODERATOR	0.98				
X3Z1←MODERATOR	1.02				
X3Z2←MODERATOR	1.05				
X3Z3←MODERATOR	1.07				
Y2←MODERATOR	0.102	0.047	2.149	0.032	

注：*** 表示 $P < 0.001$。

7.2.3　信息过载性对个人信任倾向与重复购买意愿的调节效应分析

本书采纳平（Ping，1996）调节效应二阶段估计的步骤和运作逻辑，首先对每一潜在变量挑选因素负荷量较高的三个指标，个人信任倾向选取 A21、A22 和 A23 三个指标，信息过载性选取 D11、D12 和 D13 三个指标，进行中心化处理后重新命名为 CA21、CA22、CA23、CD11、CD12、CD13。重复购买意愿选取 C11 ~ C15 的平均数，重新命名为 Y1。构建信息过载性对个人信任倾向与重复购买意愿的调节效应结构方程模型（囊括调节变量、不囊括交互乘积项），见图 7 – 5。

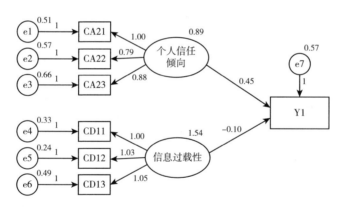

图 7 – 5　信息过载性对个人信任倾向与重复购买意愿的调节效应结构方程模型

（囊括调节变量、不囊括交互乘积项）

表 7 – 11 为个人信任倾向、信息过载性影响重复购买意愿的实证结果汇总表。对于整体模型的配适度指标：χ^2/DF 的值为 1.44，小于 3；GFI 值为 0.981，AGFI 值为 0.959，均大于 0.9；RMSEA 值为 0.041，小于 0.08，整体模型配适度指标符合表 5 – 1 的要求，说明测量模型有效。由表 7 – 11 可知，个人信任倾向与重复购买意愿之间的非标准化路径系数是 0.447（P < 0.001），通过显著性检验；信息过载性与重复购买意愿之间的

非标准化路径系数是 −0.095（P<0.05），通过显著性检验。

表 7-11　　个人信任倾向、信息过载性影响重复购买意愿的实证结果汇总
（非标准化估计）

回归路径	估值	S. E.	CR	P	模型拟合结果
CA21←个人信任倾向	1				
CA22←个人信任倾向	0.788	0.081	9.764	***	
CA23←个人信任倾向	0.879	0.089	9.857	***	$\chi^2 = 18.701$,
CD11←信息过载性	1				DF = 13,
CD12←信息过载性	1.033	0.043	23.916	***	$\chi^2 /DF = 1.44$, GFI = 0.981,
CD13←信息过载性	1.049	0.049	21.431	***	AGFI = 0.959,
Y1←个人信任倾向	0.447	0.063	7.039	***	RMSEA = 0.041
Y1←信息过载性	−0.095	0.04	−2.373	0.018	

注：*** 表示 P<0.001。

其次，构建信息过载性对个人信任倾向与重复购买意愿的调节效应结构方程模型（囊括调节变量、交互乘积项），见图 7-6。CA21、CA22、CA23 代表主效应，CD11、CD12、CD13 代表调节效应，CA21、CA22、CA23，CD11、CD12、CD13 两组变量依次交乘，得到 X1Z1～X3Z3 共计九个交互乘积项，构成第三个潜在变量。

再其次，采用平（Ping，1995，1996）的二阶段估计方法对交互作用项的因素负荷量及残差加以固定。将图 7-5 中 CA21、CA22、CA23、CD11、CD12、CD13 的非标准化路径系数及残差代入表 7-12，输出 X1Z1～X3Z3 共计九个交互乘积项的因素负荷量及残差，输出结果见表 7-13。并将它们固定在囊括交互乘积项的结构方程模型中（见图 7-6）。

表 7-12　　　　　　　　针对图 7-5 模型输入的系数

系数	X1	X2	X3	Z1	Z2	Z3
lambda	1	0.79	0.88	1	1.03	1.05
theta	0.51	0.57	0.66	0.33	0.24	0.49

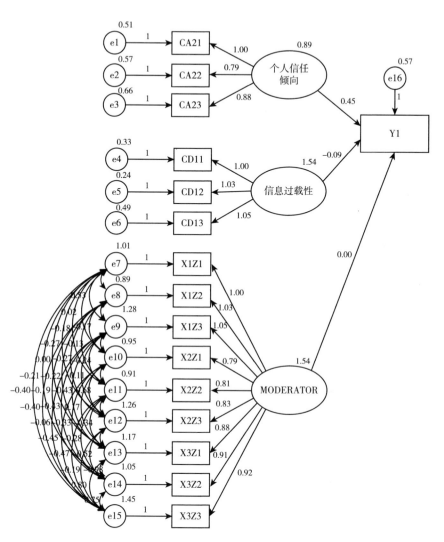

图 7 - 6 信息过载性对个人信任倾向与重复购买意愿的调节效应结构方程模型

（囊括调节变量、交互乘积项）

表 7 - 13   图 7 - 5 模型输出的系数

系数	X1Z1	X1Z2	X1Z3	X2Z1	X2Z2	X2Z3	X3Z1	X3Z2	X3Z3
lambda	1	1. 03	1. 05	0. 79	0. 8137	0. 8295	0. 88	0. 9064	0. 924
theta	1. 0083	0. 8877	1. 2754	0. 9462	0. 9135	1. 2649	1. 1682	1. 0494	1. 4476

　　最后，得到囊括交互乘积项的结构方程模型非标准化路径系数和显著性水平，见表7-14。对于整体模型的配适度指标：χ^2/DF的值为1.818，小于3；GFI值为0.936，AGFI值为0.896，均大于0.8；RMSEA值为0.056，小于0.08，整体模型配适度指标符合表5-1的要求，说明测量模型有效。由表7-14可知，个人信任倾向和信息过载性的交互乘积项对重复购买意愿具有不显著的正向影响（非标准化的路径系数为0.005，$P > 0.05$）。同时，个人信任倾向对重复购买意愿具有显著的正向影响（非标准化的路径系数为0.447，$P < 0.001$）。由此表明，信息过载性对于个人信任倾向与重复购买意愿的调节作用不存在。第3章的假设H18c未得到验证。

表7-14　信息过载性对个人信任倾向与重复购买意愿调节效应的实证结果汇总
（非标准化估计）

回归路径	估值	S. E.	CR	P	模型拟合结果
CA21←个人信任倾向	1				
CA22←个人信任倾向	0.788	0.081	9.766	***	
CA23←个人信任倾向	0.879	0.089	9.859	***	
CD11←信息过载性	1				
CD12←信息过载性	1.033	0.043	23.916	***	
CD13←信息过载性	1.049	0.049	21.431	***	
Y1←个人信任倾向	0.447	0.063	7.048	***	$\chi^2 = 150.934$,
Y1←信息过载性	-0.095	0.04	-2.365	0.018	$DF = 83$,
X1Z1←MODERATOR	1				$\chi^2/DF = 1.818$,
X1Z2←MODERATOR	1.03				$GFI = 0.936$,
X1Z3←MODERATOR	1.05				$AGFI = 0.896$,
X2Z1←MODERATOR	0.79				$RMSEA = 0.056$
X2Z2←MODERATOR	0.81				
X2Z3←MODERATOR	0.83				
X3Z1←MODERATOR	0.88				
X3Z2←MODERATOR	0.91				
X3Z3←MODERATOR	0.92				
Y1←MODERATOR	0.005	0.04	0.118	0.906	

注：*** 表示 $P < 0.001$。

7.2.4 信息过载性对个人信任倾向与公开推荐意愿的调节效应分析

本书采纳平（Ping，1996）调节效应二阶段估计的步骤和运作逻辑，首先对每一潜在变量挑选因素负荷量较高的三个指标，个人信任倾向选取 A21、A22 和 A23 三个指标，信息过载性选取 D11、D12 和 D13 三个指标，进行中心化处理后重新命名为 CA21、CA22、CA23、CD11、CD12、CD13。公开推荐意愿选取 C21～C24 的平均数，重新命名为 Y2。构建信息过载性对个人信任倾向与公开推荐意愿的调节效应结构方程模型（囊括调节变量、不囊括交互乘积项），见图 7－7。

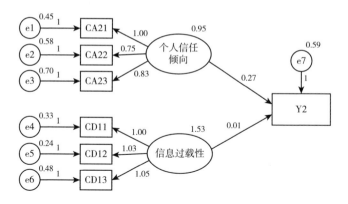

图7－7　信息过载性对个人信任倾向与公开推荐意愿的调节效应结构方程模型

（囊括调节变量、不囊括交互乘积项）

表 7－15 为个人信任倾向、信息过载性影响公开推荐意愿的实证结果汇总表。对于整体模型的配适度指标：χ^2/DF 的值为 1.269，小于 3；GFI 值为 0.983，AGFI 值为 0.963，均大于 0.9；RMSEA 值为 0.032，小于 0.08，整体模型配适度指标符合表 5－1 的要求，说明测量模型有效。由表 7－15 可知，个人信任倾向与公开推荐意愿之间的非标准化路径系数是 0.272（P<0.001），通过显著性检验；信息过载性与公开推荐意愿之间的

非标准化路径系数是 0.011（P > 0.05），未通过显著性检验。

表 7 - 15   个人信任倾向、信息过载性影响公开推荐意愿的实证结果汇总

(非标准化估计)

回归路径	估值	S. E.	CR	P	模型拟合结果
CA21←个人信任倾向	1				
CA22←个人信任倾向	0.754	0.08	9.394	***	$\chi^2 = 16.494$,
CA23←个人信任倾向	0.826	0.088	9.39	***	DF = 13,
CD11←信息过载性	1				$\chi^2/DF = 1.269$,
CD12←信息过载性	1.033	0.043	23.869	***	GFI = 0.983,
CD13←信息过载性	1.05	0.049	21.445	***	AGFI = 0.963,
Y2←个人信任倾向	0.272	0.057	4.742	***	RMSEA = 0.032
Y2←信息过载性	0.011	0.04	0.279	0.78	

注：*** 表示 P < 0.001。

其次，构建信息过载性对个人信任倾向与公开推荐意愿的调节效应结构方程模型（囊括调节变量、交互乘积项），见图 7 - 8。CA21、CA22、CA23 代表主效应，CD11、CD12、CD13 代表调节效应，CA21、CA22、CA23，CD11、CD12、CD13 两组变量依次交乘，得到 X1Z1 ~ X3Z3 共计九个交互乘积项，构成第三个潜在变量。

再其次，采用平（Ping, 1995, 1996）的二阶段估计方法对交互作用项的因素负荷量及残差加以固定。将图 7 - 7 中 CA21、CA22、CA23、CD11、CD12、CD13 的非标准化路径系数及残差代入表 7 - 16，输出 X1Z1 ~ X3Z3 共计九个交互乘积项的因素负荷量及残差，输出结果见表 7 - 17。并将它们固定在囊括交互乘积项的结构方程模型中（见图 7 - 8）。

表 7 - 16   针对图 7 - 7 模型输入的系数

系数	X1	X2	X3	Z1	Z2	Z3
lambda	1	0.75	0.83	1	1.03	1.05
theta	0.45	0.58	0.7	0.33	0.24	0.48

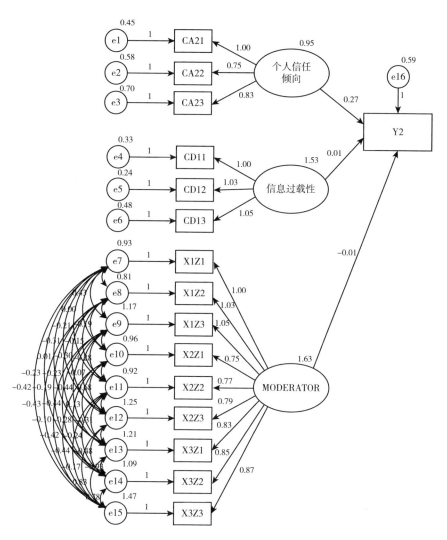

图 7 – 8　信息过载性对个人信任倾向与公开推荐意愿的调节效应结构方程模型

（囊括调节变量、交互乘积项）

表 7 – 17 　　　　　　　图 7 – 17 模型的输出系数

系数	X1Z1	X1Z2	X1Z3	X2Z1	X2Z2	X2Z3	X3Z1	X3Z2	X3Z3
lambda	1	1.03	1.05	0.75	0.7725	0.7875	0.83	0.8549	0.8715
theta	0.9285	0.8115	1.1685	0.9628	0.9166	1.2474	1.2049	1.0882	1.4694

最后，得到囊括交互乘积项的结构方程模型非标准化路径系数和显著性水平，见表 7-18。对于整体模型的配适度指标如下：χ^2/DF 的值为 1.478，小于 3；GFI 值为 0.949，AGFI 值为 0.916，均大于 0.8；RMSEA 值为 0.042，小于 0.08，整体模型配适度指标符合表 5-1 的要求，说明测量模型有效。由表 7-18 可知，个人信任倾向和信息过载性的交互乘积项对公开推荐意愿具有不显著的正向影响（非标准化的路径系数为 0.001，P>0.05）。同时，个人信任倾向对公开推荐意愿具有显著的正向影响（非标准化的路径系数为 0.273，P<0.001）。由此表明，信息过载性对于个人信任倾向与公开推荐意愿的调节作用不存在。第 3 章的假设 H18d 未得到验证。

表 7-18 信息过载性对个人信任倾向与公开推荐意愿调节效应的实证结果汇总
（非标准化估计）

回归路径	估值	S. E.	CR	P	模型拟合结果
CA21←个人信任倾向	1				
CA22←个人信任倾向	0.754	0.08	9.397	***	
CA23←个人信任倾向	0.826	0.088	9.392	***	
CD11←信息过载性	1				
CD12←信息过载性	1.023	0.039	26.035	***	
CD13←信息过载性	1.04	0.045	23.219	***	
Y2←个人信任倾向	0.273	0.057	4.755	***	$\chi^2=122.639$,
Y2←信息过载性	0.031	0.037	0.844	0.399	$DF=83$,
X1Z1←MODERATOR	1				$\chi^2/DF=1.478$,
X1Z2←MODERATOR	1.03				GFI=0.949,
X1Z3←MODERATOR	1.05				AGFI=0.916,
X2Z1←MODERATOR	0.75				RMSEA=0.042
X2Z2←MODERATOR	0.77				
X2Z3←MODERATOR	0.79				
X3Z1←MODERATOR	0.83				
X3Z2←MODERATOR	0.85				
X3Z3←MODERATOR	0.87				
Y2←MODERATOR	0.001	0.034	0.02	0.984	

注：*** 表示 P<0.001。

7.2.5　信息过载性对网络环境和制度信任倾向与重复购买意愿的调节效应分析

本书采纳平（Ping, 1996）调节效应二阶段估计的步骤和运作逻辑，首先对每一潜在变量挑选因素负荷量较高的三个指标，网络环境和制度信任倾向选取 A31、A32 和 A33 三个指标，信息过载性选取 D11、D12 和 D13 三个指标，进行中心化处理后重新命名为 CA31、CA32、CA33、CD11、CD12、CD13。重复购买意愿选取 C11 ~ C15 的平均数，重新命名为 Y1。构建信息过载性对网络环境和制度信任倾向与重复购买意愿的调节效应结构方程模型（囊括调节变量、不囊括交互乘积项），见图 7 - 9。

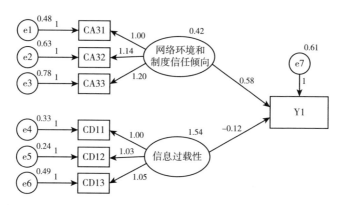

图 7 - 9　信息过载性对网络环境和制度信任倾向与重复购买

意愿的调节效应结构方程模型

（囊括调节变量、不囊括交互乘积项）

表 7 - 19 为网络环境和制度信任倾向、信息过载性影响重复购买意愿的实证结果汇总表。对于整体模型的配适度指标：χ^2/DF 的值为 1.085，小于 3；GFI 值为 0.985，AGFI 值为 0.968，均大于 0.9；RMSEA 值为 0.018，小于 0.08，整体模型配适度指标符合表 5 - 1 的要求，说明测量模型有效。由表 7 - 19 可知，网络环境和制度信任倾向与重复购买意愿之间的非标准化路径系数是 0.581（P < 0.001），通过显著性检验；信息过载

性与重复购买意愿之间的非标准化路径系数是 -0.119（P < 0.01），通过显著性检验。

表 7 - 19　网络环境和制度信任倾向、信息过载性影响重复购买意愿的实证结果汇总

（非标准化估计）

回归路径	估值	S. E.	CR	P	模型拟合结果
CA31←网络环境和制度信任倾向	1				$\chi^2 = 14.110$, DF = 13, $\chi^2/DF = 1.085$, GFI = 0.985, AGFI = 0.968, RMSEA = 0.018
CA32←网络环境和制度信任倾向	1.139	0.149	7.65	***	
CA33←网络环境和制度信任倾向	1.197	0.158	7.586	***	
CD11←信息过载性	1				
CD12←信息过载性	1.033	0.043	23.919	***	
CD13←信息过载性	1.049	0.049	21.441	***	
Y1←网络环境和制度信任倾向	0.581	0.103	5.658	***	
Y1←信息过载性	-0.119	0.041	-2.883	0.004	

注：*** 表示 P < 0.001。

其次，构建信息过载性对网络环境和制度信任倾向与重复购买意愿的调节效应结构方程模型（囊括调节变量、交互乘积项），见图 7 - 10。CA31、CA32、CA33 代表主效应，CD11、CD12、CD13 代表调节效应，CA31、CA32、CA33，CD11、CD12、CD13 两组变量依次交乘，得到 X1Z1 ~ X3Z3 共计九个交互乘积项，构成第三个潜在变量。

再其次，采用平（Ping，1995，1996）的二阶段估计方法对交互作用项的素负荷量及残差加以固定。将图 7 - 9 中 CA31、CA32、CA33、CD11、CD12、CD13 的非标准化路径系数及残差代入表 7 - 20，输出 X1Z1 ~ X3Z3 共计九个交互乘积项的因素负荷量及残差，输出结果见表 7 - 21。并将它们固定在囊括交互乘积项的结构方程模型中（见图 7 - 10）。

表 7 - 20　　　　　　　　　针对图 7 - 9 模型输入的系数

系数	X1	X2	X3	Z1	Z2	Z3
lambda	1	1.14	1.2	1	1.03	1.05
theta	0.48	0.63	0.78	0.33	0.24	0.49

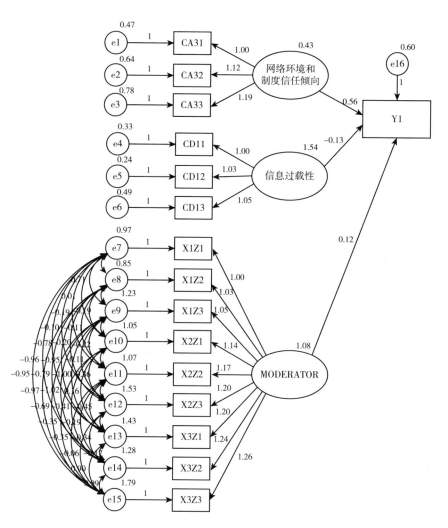

图 7 - 10 信息过载性对网络环境和制度信任倾向与重复购买

意愿的调节效应结构方程模型

（囊括调节变量、交互乘积项）

表 7 - 21　　　　　　　图 7 - 9 模型输出的系数

系数	X1Z1	X1Z2	X1Z3	X2Z1	X2Z2	X2Z3	X3Z1	X3Z2	X3Z3
lambda	1	1.03	1.05	1.14	1.1742	1.197	1.2	1.236	1.26
theta	0.9684	0.8496	1.2292	1.0458	1.0737	1.5288	1.4334	1.2786	1.7892

最后，得到囊括交互乘积项的结构方程模型非标准化路径系数和显著性水平，见表 7-22。对于整体模型的配适度指标：χ^2/DF 的值为 2.173，小于 3；GFI 值为 0.925，AGFI 值为 0.878，均大于 0.8；RMSEA 值为 0.067，小于 0.08，整体模型配适度指标符合表 5-1 的要求，说明测量模型有效。由表 7-22 可知，网络环境和制度信任倾向和信息过载性的交互乘积项对重复购买意愿具有显著的正向影响（非标准化的路径系数为 0.119，$P<0.05$）。同时，网络环境和制度信任倾向对重复购买意愿具有显著的正向影响（非标准化的路径系数为 0.555，$P<0.001$）。由此表明，信息过载性水平的提高，减弱了网络环境和制度信任倾向对重复购买意愿的正向影响。信息过载性对于网络环境和制度信任倾向与重复购买意愿的调节效应存在。第 3 章的假设 H18e 得到验证。

表 7-22　　信息过载性对网络环境和制度信任倾向与重复购买
意愿调节效应实证结果汇总
（非标准化估计）

回归路径	估值	S. E.	CR	P	模型拟合结果
CA31←网络环境和制度信任倾向	1				
CA32←网络环境和制度信任倾向	1.122	0.147	7.619	***	
CA33←网络环境和制度信任倾向	1.192	0.157	7.577	***	
CD11←信息过载性	1				
CD12←信息过载性	1.033	0.043	23.924	***	
CD13←信息过载性	1.049	0.049	21.442	***	
Y1←网络环境和制度信任倾向	0.555	0.1	5.542	***	$\chi^2 = 180.362$,
Y1←信息过载性	-0.131	0.041	-3.203	0.001	$\mathrm{DF} = 83$,
X1Z1←MODERATOR	1				$\chi^2/\mathrm{DF} = 2.173$,
X1Z2←MODERATOR	1.03				
X1Z3←MODERATOR	1.05				
X2Z1←MODERATOR	1.14				
X2Z2←MODERATOR	1.17				
X2Z3←MODERATOR	1.2				
X3Z1←MODERATOR	1.2				
X3Z2←MODERATOR	1.24				

续表

回归路径	估值	S. E.	CR	P	模型拟合结果
X3Z3←MODERATOR	1. 26				GFI = 0.925,
Y1←MODERATOR	0. 119	0. 047	2. 538	0. 011	AGFI = 0.878, RMSEA = 0.067

注: *** 表示 P < 0.001。

7.2.6 信息过载性对网络环境和制度信任倾向与公开推荐意愿的调节效应分析

本书采纳平（Ping, 1996）调节效应二阶段估计的步骤和运作逻辑，首先对每一潜在变量挑选因素负荷量较高的三个指标，网络环境和制度信任倾向选取 A31、A32 和 A33 三个指标，信息过载性选取 D11、D12 和 D13 三个指标，进行中心化处理后重新命名为 CA31、CA32、CA33、CD11、CD12、CD13。公开推荐意愿选取 C21 ~ C24 的平均数，重新命名为 Y2。构建信息过载性对网络环境和制度信任倾向与公开推荐意愿的调节效应结构方程模型（囊括调节变量、不囊括交互乘积项），见图 7 – 11。

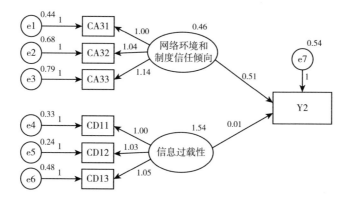

图 7 – 11 信息过载性对网络环境和制度信任倾向

与公开推荐意愿的调节效应结构方程模型

（囊括调节变量、不囊括交互乘积项）

表 7-23 为网络环境和制度信任倾向、信息过载性影响公开推荐意愿的实证结果汇总表。对于整体模型的配适度指标如下：χ^2/DF 的值为 1.518，小于 3；GFI 值为 0.979，AGFI 值为 0.956，均大于 0.9；RMSEA 值为 0.044，小于 0.08，整体模型配适度指标符合表 5-1 的要求，说明测量模型有效。由表 7-23 可知，网络环境和制度信任倾向与公开推荐意愿之间的非标准化路径系数是 0.507（P < 0.001），通过显著性检验；信息过载性与公开推荐意愿之间的非标准化路径系数是 -0.007（P > 0.05），未通过显著性检验。

表 7-23　网络环境和制度信任倾向、信息过载性影响公开推荐意愿的实证结果汇总
（非标准化估计）

回归路径	估值	S. E.	CR	P	模型拟合结果
CA31←网络环境和制度信任倾向	1				
CA32←网络环境和制度信任倾向	1.043	0.138	7.562	***	
CA33←网络环境和制度信任倾向	1.139	0.15	7.573	***	$\chi^2 = 19.730$
CD11←信息过载性	1				DF = 13,
CD12←信息过载性	1.033	0.043	23.877	***	$\chi^2/DF = 1.518$, GFI = 0.979,
CD13←信息过载性	1.05	0.049	21.443	***	AGFI = 0.956,
Y2←网络环境和制度信任倾向	0.507	0.091	5.551	***	RMSEA = 0.044
Y2←信息过载性	-0.007	0.039	-0.178	0.858	

其次，构建信息过载性对网络环境和制度信任倾向与公开推荐意愿的调节效应结构方程模型（囊括调节变量、交互乘积项），见图 7-12。CA31、CA32、CA33 代表主效应，CD11、CD12、CD13 代表调节效应，CA31、CA32、CA33，CD11、CD12、CD13 两组变量依次交乘，得到 X1Z1～X3Z3 共计九个交互乘积项，构成第三个潜在变量。

再其次，采用平（Ping，1995，1996）的二阶段估计方法对交互作用项的因素负荷量及残差加以固定。将图 7-11 中 CA31、CA32、CA33、CD11、CD12、CD13 的非标准化路径系数及残差代入表 7-24，输出 X1Z1～X3Z3 共

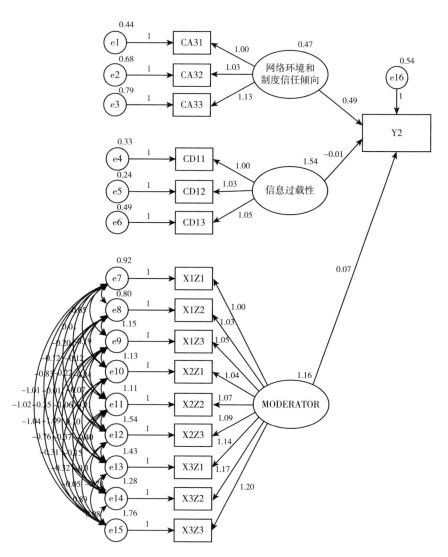

图 7 - 12　信息过载性对网络环境和制度信任倾向与公开推荐意愿

调节效应结构方程模型

（囊括调节变量、交互乘积项）

计九个交互乘积项的因素负荷量及残差，输出结果见表 7 - 25。并将它们固
定在囊括交互乘积项的结构方程模型中（见图 7 - 12）。

表 7 - 24　　　　　　　　　针对图 7 - 11 模型输入的系数

系数	X1	X2	X3	Z1	Z2	Z3
lambda	1	1.03	1.13	1	1.03	1.05
theta	0.44	0.68	0.79	0.33	0.24	0.49

表 7 - 25　　　　　　　　　图 7 - 11 模型输出的系数

系数	X1Z1	X1Z2	X1Z3	X2Z1	X2Z2	X2Z3	X3Z1	X3Z2	X3Z3
lambda	1	1.03	1.05	1.04	1.0712	1.092	1.14	1.1742	1.197
theta	0.9152	0.7988	1.1532	1.1288	1.1132	1.5396	1.4269	1.2769	1.7559

最后，得到囊括交互乘积项的结构方程模型非标准化路径系数和显著性水平，见表 7 - 26。对于整体模型的配适度指标：χ^2/DF 的值为 2.318，小于 3；GFI 值为 0.920，AGFI 值为 0.868，均大于 0.8；RMSEA 值为 0.071，小于 0.08，整体模型配适度指标符合表 5 - 1 的要求，说明测量模型有效。由表 7 - 26 可知，网络环境和制度信任倾向和信息过载性的交互乘积项对公开推荐意愿具有不显著的正向影响（非标准化的路径系数为 0.068，P > 0.05）。同时，网络环境和制度信任倾向对公开推荐意愿具有显著的正向影响（非标准化的路径系数为 0.494，P < 0.001）。由此表明，信息过载性对于网络环境和制度信任倾向与公开推荐意愿的调节作用不存在。第 3 章的假设 H18f 未得到验证。

表 7 - 26　　　　信息过载性对网络环境和制度信任倾向与公开推荐

意愿调节效应实证结果汇总

（非标准化估计）

回归路径	估值	S. E.	CR	P	模型拟合结果
CA31←网络环境和制度信任倾向	1				
CA32←网络环境和制度信任倾向	1.033	0.137	7.534	***	$\chi^2 = 192.428$,
CA33←网络环境和制度信任倾向	1.135	0.15	7.558	***	DF = 83,
CD11←信息过载性	1				$\chi^2/DF = 2.318$,
CD12←信息过载性	1.033	0.043	23.88	***	
CD13←信息过载性	1.05	0.049	21.442	***	

续表

回归路径	估值	S. E.	CR	P	模型拟合结果
Y2←网络环境和制度信任倾向	0.494	0.09	5.481	***	
Y2←信息过载性	−0.014	0.039	−0.368	0.713	
X1Z1←MODERATOR	1				
X1Z2←MODERATOR	1.03				
X1Z3←MODERATOR	1.05				
X2Z1←MODERATOR	1.04				GFI = 0.920,
X2Z2←MODERATOR	1.07				AGFI = 0.868,
X2Z3←MODERATOR	1.09				RMSEA = 0.071
X3Z1←MODERATOR	1.14				
X3Z2←MODERATOR	1.17				
X3Z3←MODERATOR	1.2				
Y2←MODERATOR	0.068	0.042	1.623	0.105	

注: *** 表示 P < 0.001。

7.3 功能兼容性对信任倾向与购买意愿的调节效应分析

7.3.1 功能兼容性对电商平台信任倾向与重复购买意愿的调节效应分析

本书采纳平（Ping, 1996）调节效应二阶段估计的步骤和运作逻辑, 首先对每一潜在变量挑选因素负荷量较高的三个指标, 电商平台信任倾向选取 A11、A12 和 A13 三个指标, 功能兼容性选取 D21、D22 和 D23 三个指标, 进行中心化处理后重新命名为 CA11、CA12、CA13、CD21、CD22、CD23。重复购买意愿选取 C11 ~ C15 的平均数, 重新命名为 Y1。构建功能兼容性对电商平台信任倾向与重复购买意愿的调节效应结构方程模型（囊括调节变量、不囊括交互乘积项）, 见图 7 - 13。

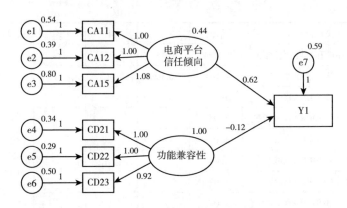

图 7 – 13   功能兼容性对电商平台信任倾向与重复购买意愿的调节效应结构方程模型
（囊括调节变量、不囊括交互乘积项）

表 7 – 27 为电商平台信任倾向、功能兼容性影响重复购买意愿的实证结果汇总表。对于整体模型的配适度指标：χ^2/DF 的值为 1.233，小于 3；GFI 值为 0.983，AGFI 值为 0.964，均大于 0.9；RMSEA 值为 0.030，小于 0.08，整体模型配适度指标符合表 5 – 1 的要求，说明测量模型有效。由表 7 – 27 可知，电商平台信任倾向与重复购买意愿之间的非标准化路径系数是 0.62（P < 0.001），通过显著性检验；功能兼容性与重复购买意愿之间的非标准化路径系数是 – 0.12（P < 0.05），通过显著性检验。

表 7 – 27   电商平台信任倾向、功能兼容性影响重复购买意愿的实证结果汇总
（非标准化估计）

回归路径	估值	S. E.	CR	P	模型拟合结果
CA11←电商平台信任倾向	1				
CA12←电商平台信任倾向	0.998	0.128	7.808	***	$\chi^2 = 16.033$,
CA15←电商平台信任倾向	1.077	0.144	7.495	***	DF = 13,
CD21←功能兼容性	1				$\chi^2/DF = 1.233$,
CD22←功能兼容性	0.996	0.061	16.281	***	GFI = 0.983,
CD23←功能兼容性	0.917	0.062	14.866	***	AGFI = 0.964,
Y1←电商平台信任倾向	0.62	0.102	6.069	***	RMSEA = 0.030
Y1←功能兼容性	– 0.12	0.052	– 2.302	0.021	

注：*** 表示 P < 0.001。

　　其次，构建功能兼容性对电商平台信任倾向与重复购买意愿的调节效应结构方程模型（囊括调节变量、交互乘积项），见图 7 - 14。CA11、CA12、CA13 代表主效应，CD21、CD22、CD23 代表调节效应，CA11、CA12、CA13，CD21、CD22、CD23 两组变量依次交乘，得到 X1Z1 ~ X3Z3 共计九个交互乘积项，构成第三个潜在变量。

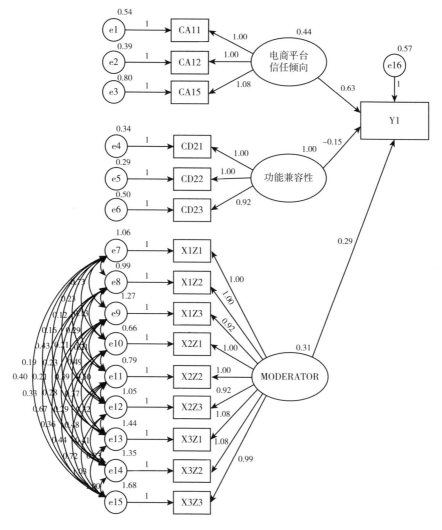

图 7 - 14　功能兼容性对电商平台信任倾向与重复购买意愿的调节效应结构方程模型
（囊括调节变量、交互乘积项）

再其次，采用平（Ping，1995，1996）的二阶段估计方法对交互作用项的因素负荷量及残差加以固定。将图 7 - 13 中 CA11、CA12、CA13、CD21、CD22、CD23 的非标准化路径系数及残差代入表 7 - 28，输出 X1Z1 ~ X3Z3 共计九个交互乘积项的因素负荷量及残差，输出结果见表 7 - 29。并将它们固定在囊括交互乘积项的结构方程模型中（见图 7 - 14）。

表 7 - 28　　　　　　　　　针对图 7 - 13 模型输入的系数

系数	X1	X2	X3	Z1	Z2	Z3
lambda	1	1	1.08	1	1	0.92
theta	0.54	0.39	0.8	0.34	0.29	0.5

表 7 - 29　　　　　　　　　图 7 - 13 模型输出的系数

系数	X1Z1	X1Z2	X1Z3	X2Z1	X2Z2	X2Z3	X3Z1	X3Z2	X3Z3
lambda	1	1	0.92	1	1	0.92	1.08	1.08	0.9936
theta	1.0636	0.9866	1.2668	0.6552	0.7931	1.0538	1.4392	1.3452	1.676

最后，得到囊括交互乘积项的结构方程模型非标准化路径系数和显著性水平，见表 7 - 30。对于整体模型的配适度指标：χ^2/DF 的值为 1.597，小于 3；GFI 值为 0.944，AGFI 值为 0.907，均大于 0.8；RMSEA 值为 0.047，小于 0.08，整体模型配适度指标符合表 5 - 1 的要求，说明测量模型有效。由表 7 - 30 可知，电商平台信任倾向和功能兼容性的交互乘积项对重复购买意愿具有显著的正向影响（非标准化的路径系数为 0.29，$P < 0.05$）。同时，电商平台信任倾向对重复购买意愿具有显著的正向影响（非标准化的路径系数为 0.628，$P < 0.001$）。由此表明，功能兼容性水平的提高，减弱了电商平台信任倾向对重复购买意愿的正向影响。功能兼容性对于电商平台信任倾向与重复购买意愿的调节效应存在。第 3 章的假设 H18g 得到验证。

表 7 - 30　功能兼容性对电商平台信任倾向与重复购买意愿调节效应的实证结果汇总

（非标准化估计）

回归路径	估值	S. E.	CR	P	模型拟合结果
CA11←电商平台信任倾向	1				
CA12←电商平台信任倾向	1	0. 128	7. 834	***	
CA15←电商平台信任倾向	1. 079	0. 144	7. 507	***	
CD21←功能兼容性	1				
CD22←功能兼容性	0. 998	0. 061	16. 305	***	
CD23←功能兼容性	0. 918	0. 062	14. 864	***	
Y1←电商平台信任倾向	0. 628	0. 102	6. 163	***	$\chi^2 = 132.556$,
Y1←功能兼容性	- 0. 154	0. 052	- 2. 968	0. 003	$DF = 83$,
X1Z1←MODERATOR	1				$\chi^2/DF = 1.597$,
X1Z2←MODERATOR	1				$GFI = 0.944$,
X1Z3←MODERATOR	0. 92				$AGFI = 0.907$,
X2Z1←MODERATOR	1				$RMSEA = 0.047$
X2Z2←MODERATOR	1				
X2Z3←MODERATOR	0. 92				
X3Z1←MODERATOR	1. 08				
X3Z2←MODERATOR	1. 08				
X3Z3←MODERATOR	0. 99				
Y1←MODERATOR	0. 29	0. 139	2. 084	0. 037	

注：*** 表示 P < 0. 001。

7.3.2　功能兼容性对电商平台信任倾向与公开推荐意愿的调节效应分析

本书采纳平（Ping，1996）调节效应二阶段估计的步骤和运作逻辑，首先对每一潜在变量挑选因素负荷量较高的三个指标，电商平台信任倾向选取 A11、A12 和 A13 三个指标，功能兼容性选取 D21、D22 和 D23 三个指标，进行中心化处理后重新命名为 CA11、CA12、CA13、CD21、CD22、CD23。公开推荐意愿选取 C21 ~ C24 的平均数，重新命名为 Y2。构建功能兼容性对电商平台信任倾向与公开推荐意愿的调节效应结构方程模型

（囊括调节变量、不囊括交互乘积项），见图 7 – 15。

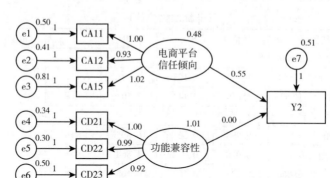

图 7 – 15　功能兼容性对电商平台信任倾向与公开推荐意愿的调节效应结构方程模型

（囊括调节变量、不囊括交互乘积项）

表 7 – 31 为电商平台信任倾向、功能兼容性影响公开推荐意愿的实证结果汇总表。对于整体模型的配适度指标：χ^2/DF 的值为 1.521，小于 3；GFI 值为 0.980，AGFI 值为 0.956，均大于 0.9；RMSEA 值为 0.044，小于 0.08，整体模型配适度指标符合表 5 – 1 的要求，说明测量模型有效。由表 7 – 31 可知，电商平台信任倾向与公开推荐意愿之间的非标准化路径系数是 0.55（P < 0.001），通过显著性检验；功能兼容性与公开推荐意愿之间的非标准化路径系数是 – 0.004（P > 0.05），未通过显著性检验。

表 7 – 31　　电商平台信任倾向、功能兼容性影响公开推荐意愿的实证结果汇总

（非标准化估计）

回归路径	估值	S. E.	CR	P	模型拟合结果
CA11←电商平台信任倾向	1				
CA12←电商平台信任倾向	0.929	0.118	7.852	***	$\chi^2 = 19.775$,
CA15←电商平台信任倾向	1.016	0.136	7.495	***	DF = 13,
CD21←功能兼容性	1				$\chi^2/DF = 1.521$,
CD22←功能兼容性	0.992	0.061	16.241	***	GFI = 0.980,
CD23←功能兼容性	0.916	0.062	14.875	***	AGFI = 0.956,
Y2←电商平台信任倾向	0.55	0.09	6.102	***	RMSEA = 0.044
Y2←功能兼容性	– 0.004	0.048	– 0.089	0.929	

注：*** 表示 P < 0.001。

其次，构建功能兼容性对电商平台信任倾向与公开推荐意愿的调节效应结构方程模型（囊括调节变量、交互乘积项），见图 7 – 16。CA11、CA12、CA13 代表主效应，CD21、CD22、CD23 代表调节效应，CA11、CA12、CA13，CD21、CD22、CD23 两组变量依次交乘，得到 X1Z1 ~ X3Z3 共计九个交互乘积项，构成第三个潜在变量。

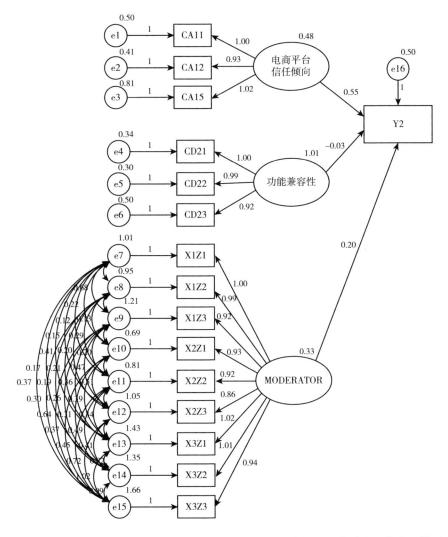

图 7 – 16　功能兼容性对电商平台信任倾向与公开推荐意愿的调节效应结构方程模型

（囊括调节变量、交互乘积项）

再其次，采用平（Ping，1995，1996）的二阶段估计方法对交互作用项的因素负荷量及残差加以固定。将图 7 - 15 中 CA11、CA12、CA13、CD21、CD22、CD23 的非标准化路径系数及残差代入表 7 - 32，输出 X1Z1 ~ X3Z3 共计九个交互乘积项的因素负荷量及残差，输出结果见表 7 - 33。并将它们固定在囊括交互乘积项的结构方程模型中（见图 7 - 16）。

表 7 - 32　　　　　　　　针对图 7 - 15 模型输入的系数

系数	X1	X2	X3	Z1	Z2	Z3
lambda	1	0.93	1.02	1	0.99	0.92
theta	0.5	0.41	0.81	0.34	0.3	0.5

表 7 - 33　　　　　　　　图 7 - 15 模型输出的系数

系数	X1Z1	X1Z2	X1Z3	X2Z1	X2Z2	X2Z3	X3Z1	X3Z2	X3Z3
lambda	1	0.99	0.92	0.93	0.9207	0.8556	1.02	1.0098	0.9384
theta	1.01	0.945	1.21	0.6888	0.8079	1.0472	1.4322	1.3509	1.6602

最后，得到囊括交互乘积项的结构方程模型非标准化路径系数和显著性水平，见表 7 - 34。对于整体模型的配适度指标：χ^2/DF 的值为 1.565，小于 3；GFI 值为 0.944，AGFI 值为 0.909，均大于 0.8；RMSEA 值为 0.046，小于 0.08，整体模型配适度指标符合表 5 - 1 的要求，说明测量模型有效。由表 7 - 34 可知，电商平台信任倾向和功能兼容性的交互乘积项对公开推荐意愿具有不显著的正向影响（非标准化的路径系数为 0.199，$P > 0.05$）。同时，电商平台信任倾向对公开推荐意愿具有显著的正向影响（非标准化的路径系数为 0.555，$P < 0.001$）。由此表明，功能兼容性对于电商平台信任倾向与公开推荐意愿的调节作用不存在。第 3 章的假设 H18h 未得到验证。

表 7 - 34　　　　功能兼容性对电商平台信任倾向与公开推荐

意愿调节效应的实证结果汇总

（非标准化估计）

回归路径	估值	S. E.	CR	P	模型拟合结果
CA11←电商平台信任倾向	1				
CA12←电商平台信任倾向	0.931	0.118	7.872	***	
CA15←电商平台信任倾向	1.017	0.135	7.505	***	
CD21←功能兼容性	1				
CD22←功能兼容性	0.993	0.061	16.246	***	
CD23←功能兼容性	0.916	0.062	14.864	***	
Y2←电商平台信任倾向	0.555	0.09	6.165	***	
Y2←功能兼容性	− 0.028	0.048	− 0.579	0.563	$\chi^2 = 129.903$,
X1Z1←MODERATOR	1				DF = 83,
X1Z2←MODERATOR	0.99				$\chi^2/DF = 1.565$,
X1Z3←MODERATOR	0.92				GFI = 0.944,
X2Z1←MODERATOR	0.93				AGFI = 0.909,
X2Z2←MODERATOR	0.92				RMSEA = 0.046
X2Z3←MODERATOR	0.86				
X3Z1←MODERATOR	1.02				
X3Z2←MODERATOR	1.01				
X3Z3←MODERATOR	0.94				
Y2←MODERATOR	0.199	0.125	1.597	0.11	

注：*** 表示 P < 0.001。

7.3.3　功能兼容性对个人信任倾向与重复购买意愿的调节效应分析

本书采纳平（Ping, 1996）调节效应二阶段估计的步骤和运作逻辑，　　169

首先对每一潜在变量挑选因素负荷量较高的三个指标，个人信任倾向选取A21、A22 和 A23 三个指标，功能兼容性选取 D21、D22 和 D23 三个指标，进行中心化处理后重新命名为 CA21、CA22、CA23、CD21、CD22、CD23。重复购买意愿选取 C11 ~ C15 的平均数，重新命名为 Y1。构建功能兼容性对个人信任倾向与重复购买意愿的调节效应结构方程模型（囊括调节变量、不囊括交互乘积项），见图 7 - 17。

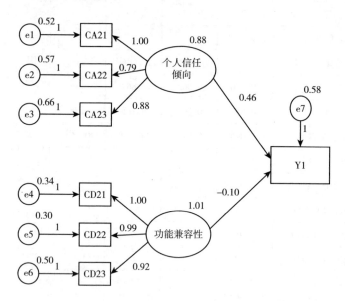

图 7 - 17   功能兼容性对个人信任倾向与重复购买意愿的调节效应结构方程模型
（囊括调节变量、不囊括交互乘积项）

表 7 - 35 为个人信任倾向、功能兼容性影响重复购买意愿的实证结果汇总表。对于整体模型的配适度指标如下：χ^2/DF 的值为 1.230，小于 3；GFI 值为 0.983，AGFI 值为 0.964，均大于 0.9；RMSEA 值为 0.029，小于 0.08，整体模型配适度指标符合表 5 - 1 的要求，说明测量模型有效。由表 7 - 35 可知，个人信任倾向与重复购买意愿之间的非标准化路径系数是 0.46（$P < 0.001$），通过显著性检验；功能兼容性与重复购买意愿之间的非标准化路径系数是 - 0.095（$P > 0.05$），未通过显著性检验。

表 7 – 35　　个人信任倾向、功能兼容性影响重复购买意愿的实证结果汇总

（非标准化估计）

回归路径	估值	S. E.	CR	P	模型拟合结果
CA21←个人信任倾向	1				
CA22←个人信任倾向	0.792	0.081	9.794	***	
CA23←个人信任倾向	0.882	0.089	9.878	***	$\chi^2 = 15.995$, DF = 13, $\chi^2/\text{DF} = 1.230$, GFI = 0.983, AGFI = 0.964, RMSEA = 0.029
CD21←功能兼容性	1				
CD22←功能兼容性	0.995	0.061	16.26	***	
CD23←功能兼容性	0.918	0.062	14.878	***	
Y1←个人信任倾向	0.46	0.064	7.172	***	
Y1←功能兼容性	−0.095	0.051	−1.866	0.062	

注：*** 表示 $P < 0.001$。

　　其次，构建功能兼容性对个人信任倾向与重复购买意愿的调节效应结构方程模型（囊括调节变量、交互乘积项），见图 7 – 18。CA21、CA22、CA23 代表主效应，CD21、CD22、CD23 代表调节效应，CA21、CA22、CA23，CD21、CD22、CD23 两组变量依次交乘，得到 X1Z1 ~ X3Z3 共计九个交互乘积项，构成第三个潜在变量。

　　再其次，采用平（Ping, 1995, 1996）的二阶段估计方法对交互作用项的因素负荷量及残差加以固定。将图 7 – 17 中 CA21、CA22、CA23、CD21、CD22、CD23 的非标准化路径系数及残差代入表 7 – 36，输出 X1Z1 ~ X3Z3 共计九个交互乘积项的因素负荷量及残差，输出结果见表 7 – 37。并将它们固定在囊括交互乘积项的结构方程模型中（见图 7 – 18）。

表 7 – 36　　　　　　　　　　针对图 7 – 17 模型输入的系数

系数	X1	X2	X3	Z1	Z2	Z3
lambda	1	0.79	0.88	1	0.99	0.92
theta	0.52	0.57	0.66	0.34	0.3	0.5

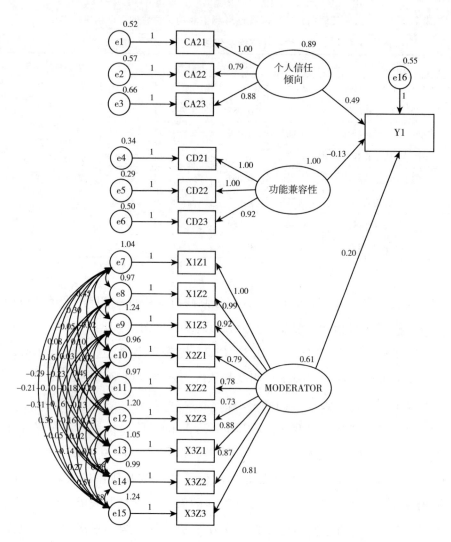

图7-18   功能兼容性对个人信任倾向与重复购买意愿的调节效应结构方程模型

（囊括调节变量、交互乘积项）

表7-37   图7-17模型输出的系数

系数	X1Z1	X1Z2	X1Z3	X2Z1	X2Z2	X2Z3	X3Z1	X3Z2	X3Z3
lambda	1	0.99	0.92	0.79	0.7821	0.7268	0.88	0.8712	0.8096
theta	1.0368	0.9708	1.2384	0.9576	0.9723	1.2044	1.0496	0.9864	1.2352

最后，得到囊括交互乘积项的结构方程模型非标准化路径系数和显著性水平，见表 7 – 38。对于整体模型的配适度指标：χ^2/DF 的值为 2.037，小于 3；GFI 值为 0.927，AGFI 值为 0.881，均大于 0.8；RMSEA 值为 0.063，小于 0.08，整体模型配适度指标符合表 5 – 1 的要求，说明测量模型有效。由表 7 – 38 可知，个人信任倾向和功能兼容性的交互乘积项对重复购买意愿具有显著的正向影响（非标准化的路径系数为 0.201，$P < 0.01$）。同时，个人信任倾向对重复购买意愿具有显著的正向影响（非标准化的路径系数为 0.486，$P < 0.001$）。由此表明，功能兼容性水平的提高，减弱了个人信任倾向对重复购买意愿的正向影响。功能兼容性对于个人信任倾向与重复购买意愿的调节效应存在。第 3 章的假设 H18i 得到验证。

表 7 – 38　功能兼容性对个人信任倾向与重复购买意愿调节效应的实证结果汇总
（非标准化估计）

回归路径	估值	S. E.	CR	P	模型拟合结果
CA21←个人信任倾向	1				
CA22←个人信任倾向	0.79	0.08	9.865	***	
CA23←个人信任倾向	0.882	0.088	9.971	***	
CD21←功能兼容性	1				
CD22←功能兼容性	0.997	0.061	16.279	***	
CD23←功能兼容性	0.919	0.062	14.871	***	
Y1←个人信任倾向	0.486	0.064	7.601	***	$\chi^2 = 169.083$,
Y1←功能兼容性	− 0.126	0.051	− 2.485	0.013	$DF = 83$,
X1Z1←MODERATOR	1				$\chi^2/DF = 2.037$,
X1Z2←MODERATOR	0.99				GFI = 0.927,
X1Z3←MODERATOR	0.92				AGFI = 0.881,
X2Z1←MODERATOR	0.79				RMSEA = 0.063
X2Z2←MODERATOR	0.78				
X2Z3←MODERATOR	0.73				
X3Z1←MODERATOR	0.88				
X3Z2←MODERATOR	0.87				
X3Z3←MODERATOR	0.81				
Y1←MODERATOR	0.201	0.074	2.698	0.007	

注：*** 表示 $P < 0.001$。

7.3.4 功能兼容性对个人信任倾向与公开推荐意愿的调节效应分析

本书采纳平（Ping，1996）调节效应二阶段估计的步骤和运作逻辑，首先对每一潜在变量挑选因素负荷量较高的三个指标，个人信任倾向选取 A21、A22 和 A23 三个指标，功能兼容性选取 D21、D22 和 D23 三个指标，进行中心化处理后重新命名为 CA21、CA22、CA23、CD21、CD22、CD23。公开推荐意愿选取 C21～C24 的平均数，重新命名为 Y2。构建功能兼容性对个人信任倾向与公开推荐意愿的调节效应结构方程模型（囊括调节变量、不囊括交互乘积项），见图 7－19。

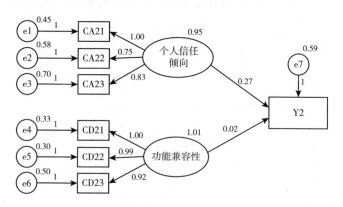

图 7－19　功能兼容性对个人信任倾向与公开推荐意愿的调节效应结构方程模型
（囊括调节变量、不囊括交互乘积项）

表 7－39 为个人信任倾向、功能兼容性影响公开推荐意愿的实证结果汇总表。对于整体模型的配适度指标：χ^2/DF 的值为 0.954，小于 3；GFI 值为 0.987，AGFI 值为 0.972，均大于 0.9；RMSEA 值为 0.000，小于 0.08，整体模型配适度指标符合表 5－1 的要求，说明测量模型有效。由表 7－39 可知，个人信任倾向与公开推荐意愿之间的非标准化路径系数是 0.270（P＜0.001），通过显著性检验；功能兼容性与公开推荐意愿之间的

非标准化路径系数是 0.024 （P ＞ 0.05），未通过显著性检验。

表 7 – 39　　个人信任倾向、功能兼容性影响公开推荐意愿的实证结果汇总

（非标准化估计）

回归路径	估值	S. E.	CR	P	模型拟合结果
CA21←个人信任倾向	1				
CA22←个人信任倾向	0.753	0.08	9.388	***	
CA23←个人信任倾向	0.826	0.088	9.384	***	$\chi^2 = 12.398$,
CD21←功能兼容性	1				DF = 13,
CD22←功能兼容性	0.991	0.061	16.239	***	$\chi^2/DF = 0.954$,
CD23←功能兼容性	0.917	0.062	14.885	***	GFI = 0.987,
Y2←个人信任倾向	0.270	0.057	4.709	***	AGFI = 0.972,
Y2←功能兼容性	0.024	0.05	0.481	0.631	RMSEA = 0.000

注：*** 表示 $P < 0.001$。

其次，构建功能兼容性对个人信任倾向与公开推荐意愿的调节效应结构方程模型（囊括调节变量、交互乘积项），见图 7 – 20。CA21、CA22、CA23 代表主效应，CD21、CD22、CD23 代表调节效应，CA21、CA22、CA23，CD21、CD22、CD23 两组变量依次交乘，得到 X1Z1 ~ X3Z3 共计九个交互乘积项，构成第三个潜在变量。

再其次，采用平（Ping，1995，1996）的二阶段估计方法对交互作用项的因素负荷量及残差加以固定。将图 7 – 19 中 CA21、CA22、CA23、CD21、CD22、CD23 的非标准化路径系数及残差代入表 7 – 40，输出 X1Z1 ~ X3Z3 共计九个交互乘积项的因素负荷量及残差，输出结果见表 7 – 41。并将它们固定在囊括交互乘积项的结构方程模型中（见图 7 – 20）。

表 7 – 40　　　　　　　　针对图 7 – 19 模型输入的系数

系数	X1	X2	X3	Z1	Z2	Z3
lambda	1	0.75	0.83	1	0.99	0.92
theta	0.45	0.58	0.7	0.33	0.3	0.5

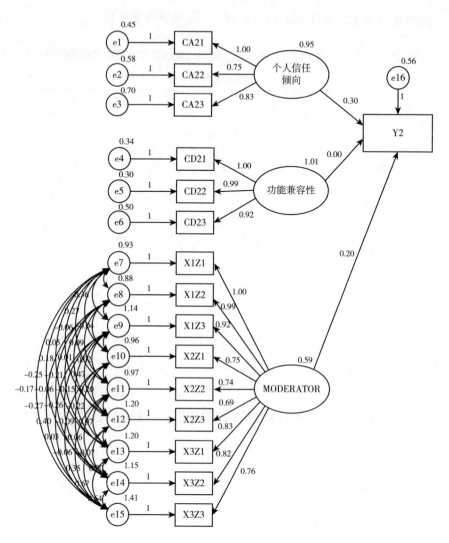

图 7 - 20　功能兼容性对个人信任倾向与公开推荐意愿的调节效应结构方程模型

（囊括调节变量、交互乘积项）

表 7 - 41　　　　　　　　　　图 7 - 19 模型输出的系数

系数	X1Z1	X1Z2	X1Z3	X2Z1	X2Z2	X2Z3	X3Z1	X3Z2	X3Z3
lambda	1	0.99	0.92	0.75	0.7425	0.69	0.83	0.8217	0.7636
theta	0.9285	0.8805	1.139	0.9628	0.9732	1.1986	1.2049	1.152	1.409

　　最后，得到囊括交互乘积项的结构方程模型非标准化路径系数和显著性水平，见表 7 – 42。对于整体模型的配适度指标：χ^2/DF 的值为 1.769，小于 3；GFI 值为 0.936，AGFI 值为 0.895，均大于 0.8；RMSEA 值为 0.054，小于 0.08，整体模型配适度指标符合表 5 – 1 的要求，说明测量模型有效。由表 7 – 42 可知，个人信任倾向和功能兼容性的交互乘积项对公开推荐意愿具有显著的正向影响（非标准化的路径系数为 0.204，P < 0.01）。同时，个人信任倾向对公开推荐意愿具有显著的正向影响（非标准化的路径系数为 0.297，P < 0.001）。由此表明，功能兼容性水平的提高，减弱了个人信任倾向对公开推荐意愿的正向影响。功能兼容性对于个人信任倾向与公开推荐意愿的调节效应存在。第 3 章的假设 H18j 得到验证。

表 7 – 42　功能兼容性对个人信任倾向与公开推荐意愿调节效应的实证结果汇总

（非标准化估计）

回归路径	估值	S. E.	CR	P	模型拟合结果
CA21←个人信任倾向	1				
CA22←个人信任倾向	0.752	0.08	9.45	***	
CA23←个人信任倾向	0.827	0.087	9.46	***	
CD21←功能兼容性	1				
CD22←功能兼容性	0.992	0.061	16.24	***	
CD23←功能兼容性	0.917	0.062	14.875	***	
Y2←个人信任倾向	0.297	0.057	5.195	***	$\chi^2 = 146.835$,
Y2←功能兼容性	− 0.004	0.05	− 0.073	0.942	DF = 83,
X1Z1←MODERATOR	1				$\chi^2/DF = 1.769$,
X1Z2←MODERATOR	0.99				GFI = 0.936,
X1Z3←MODERATOR	0.92				AGFI = 0.895,
X2Z1←MODERATOR	0.75				RMSEA = 0.054
X2Z2←MODERATOR	0.74				
X2Z3←MODERATOR	0.69				
X3Z1←MODERATOR	0.83				
X3Z2←MODERATOR	0.82				
X3Z3←MODERATOR	0.76				
Y2←MODERATOR	0.204	0.077	2.653	0.008	

　　注：*** 表示 P < 0.001。

7.3.5 功能兼容性对网络环境和制度信任倾向与重复购买意愿的调节效应分析

本书采纳平（Ping，1996）调节效应二阶段估计的步骤和运作逻辑，首先对每一潜在变量挑选因素负荷量较高的三个指标，网络环境和制度信任倾向选取 A31、A32 和 A33 三个指标，功能兼容性选取 D21、D22 和 D23 三个指标，进行中心化处理后重新命名为 CA31、CA32、CA33、CD21、CD22、CD23。重复购买意愿选取 C11 ~ C15 的平均数，重新命名为 Y1。构建功能兼容性对网络环境和制度信任倾向与重复购买意愿的调节效应结构方程模型（囊括调节变量、不囊括交互乘积项），见图 7 – 21。

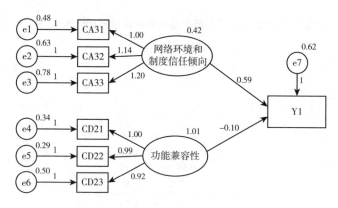

图 7 – 21   功能兼容性对网络环境和制度信任倾向与重复购买
意愿的调节效应结构方程模型
（囊括调节变量、不囊括交互乘积项）

表 7 – 43 为网络环境和制度信任倾向、功能兼容性影响重复购买意愿的实证结果汇总表。对于整体模型的配适度指标如下：χ^2/DF 的值为 0.664，小于 3；GFI 值为 0.991，AGFI 值为 0.980，均大于 0.9；RMSEA 值为 0.000，小于 0.08，整体模型配适度指标符合表 5 – 1 的要求，说明测量模型有效。由表 7 – 43 可知，网络环境和制度信任倾向与重复购买意愿之间的非标准化路径系数是 0.586（P < 0.001），通过显著性检验；功

能兼容性与重复购买意愿之间的非标准化路径系数是 −0.101（P>0.05），未通过显著性检验。

表 7−43　网络环境和制度信任倾向、功能兼容性影响重复购买意愿的实证结果汇总
（非标准化估计）

回归路径	估值	S. E.	CR	P	模型拟合结果
CA31←网络环境和制度信任倾向	1				$\chi^2 = 8.628$, DF = 13, $\chi^2/DF = 0.664$, GFI = 0.991, AGFI = 0.980, RMSEA = 0.000
CA32←网络环境和制度信任倾向	1.143	0.149	7.648	***	
CA33←网络环境和制度信任倾向	1.199	0.158	7.581	***	
CD21←功能兼容性	1				
CD22←功能兼容性	0.994	0.061	16.266	***	
CD23←功能兼容性	0.918	0.062	14.873	***	
Y1←网络环境和制度信任倾向	0.586	0.104	5.646	***	
Y1←功能兼容性	−0.101	0.053	−1.916	0.055	

注：*** 表示 P<0.001。

其次，构建功能兼容性对网络环境和制度信任倾向与重复购买意愿的调节效应结构方程模型（囊括调节变量、交互乘积项），见图 7−22。CA31、CA32、CA33 代表主效应，CD21、CD22、CD23 代表调节效应，CA31、CA32、CA33，CD21、CD22、CD23 两组变量依次交乘，得到 X1Z1 ~ X3Z3 共计九个交互乘积项，构成第三个潜在变量。

再其次，采用平（Ping，1995，1996）的二阶段估计方法对交互作用项的因素负荷量及残差加以固定。将图 7−21 中 CA31、CA32、CA33、CD21、CD22、CD23 的非标准化路径系数及残差代入表 7−44，输出 X1Z1 ~ X3Z3 共计九个交互乘积项的因素负荷量及残差，输出结果见表7−45。并将它们固定在囊括交互乘积项的结构方程模型中（见图 7−22）。

表 7−44　　　　　　　　针对图 7−21 模型输入的系数

系数	X1	X2	X3	Z1	Z2	Z3
lambda	1	1.14	1.2	1	0.99	0.92
theta	0.48	0.63	0.78	0.34	0.29	0.5

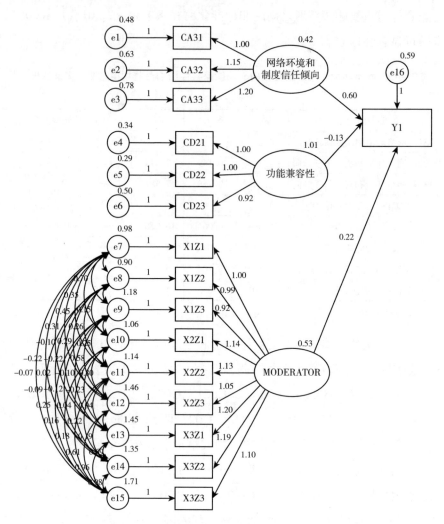

图 7 – 22　功能兼容性对网络环境和制度信任倾向与重复购买

意愿的调节效应结构方程模型

（囊括调节变量、交互乘积项）

表 7 – 45　　　　　　图 7 – 21 模型输出的系数

系数	X1Z1	X1Z2	X1Z3	X2Z1	X2Z2	X2Z3	X3Z1	X3Z2	X3Z3
lambda	1	0.99	0.92	1.14	1.1286	1.0488	1.2	1.188	1.104
theta	0.9832	0.9044	1.1816	1.0584	1.137	1.4646	1.4532	1.3464	1.7076

最后，得到囊括交互乘积项的结构方程模型非标准化路径系数和显著性水平，见表 7 - 46。对于整体模型的配适度指标：χ^2/DF 的值为 1.614，小于 3；GFI 值为 0.943，AGFI 值为 0.907，均大于 0.8；RMSEA 值为 0.048，小于 0.08，整体模型配适度指标符合表 5 - 1 的要求，说明测量模型有效。由表 7 - 46 可知，网络环境和制度信任倾向和功能兼容性的交互乘积项对重复购买意愿具有显著的正向影响（非标准化的路径系数为 0.221，$P < 0.05$）。同时，网络环境和制度信任倾向对重复购买意愿具有显著的正向影响（非标准化的路径系数为 0.597，$P < 0.05$）。由此表明，功能兼容性水平的提高，减弱了网络环境和制度信任倾向对重复购买意愿的正向影响。功能兼容性对网络环境和制度信任倾向与重复购买意愿的调节效应存在。第 3 章的假设 H18k 得到验证。

表 7 -46　　　　功能兼容性对网络环境和制度信任倾向与重复购买
意愿调节效应实证结果汇总（非标准化估计）

回归路径	Estimate	S. E.	CR	P	模型拟合结果
CA31←网络环境和制度信任倾向	1				
CA32←网络环境和制度信任倾向	1. 146	0. 149	7. 673	***	
CA33←网络环境和制度信任倾向	1. 205	0. 158	7. 608	***	
CD21←功能兼容性	1				
CD22←功能兼容性	0. 995	0. 061	16. 28	***	
CD23←功能兼容性	0. 918	0. 062	14. 877	***	
Y1←网络环境和制度信任倾向	0. 597	0. 103	5. 772	***	$\chi^2 = 133.978$,
Y1←功能兼容性	- 0. 126	0. 052	- 2. 407	0. 016	DF = 83,
X1Z1←MODERATOR	1				$\chi^2/DF = 1.614$,
X1Z2←MODERATOR	0. 99				GFI = 0. 943,
X1Z3←MODERATOR	0. 92				AGFI = 0. 907,
X2Z1←MODERATOR	1. 14				RMSEA = 0. 048
X2Z2←MODERATOR	1. 13				
X2Z3←MODERATOR	1. 05				
X3Z1←MODERATOR	1. 2				
X3Z2←MODERATOR	1. 19				
X3Z3←MODERATOR	1. 1				
Y1←MODERATOR	0. 221	0. 086	2. 57	0. 01	

注：*** 表示 $P < 0.001$。

7.3.6 功能兼容性对网络环境和制度信任倾向与公开推荐意愿的调节效应分析

本书采纳平（Ping，1996）调节效应二阶段估计的步骤和运作逻辑，首先对每一潜在变量挑选因素负荷量较高的三个指标，网络环境和制度信任倾向选取 A31、A32 和 A33 三个指标，功能兼容性选取 D21、D22 和 D23 三个指标，进行中心化处理后重新命名为 CA31、CA32、CA33、CD21、CD22、CD23。公开推荐意愿选取 C21 ~ C24 的平均数，重新命名为 Y2。构建功能兼容性对网络环境和制度信任倾向与公开推荐意愿的调节效应结构方程模型（囊括调节变量、不囊括交互乘积项），见图 7 – 23。

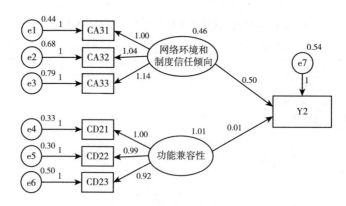

图 7 – 23 功能兼容性对网络环境和制度信任倾向与公开推荐

意愿的调节效应结构方程模型

（囊括调节变量、不囊括交互乘积项）

表 7 – 47 为网络环境和制度信任倾向、功能兼容性影响公开推荐意愿的实证结果汇总表。对于整体模型的配适度指标：χ^2/DF 的值为 1.073，小于 3；GFI 值为 0.985，AGFI 值为 0.967，均大于 0.9；RMSEA 值为 0.017，小于 0.08，整体模型配适度指标符合表 5 – 1 的要求，说明测量模型有效。由表 7 – 47 可知，网络环境和制度信任倾向与公开推荐意愿之间的非标准化路径

系数是 0.504（P < 0.001），通过显著性检验；功能兼容性与公开推荐意愿之间的非标准化路径系数是 0.013（P > 0.05），未通过显著性检验。

表 7-47　网络环境和制度信任倾向、功能兼容性影响公开推荐意愿的实证结果汇总
（非标准化估计）

回归路径	估值	S. E.	CR	P	模型拟合结果
CA31←网络环境和制度信任倾向	1				
CA32←网络环境和制度信任倾向	1.043	0.138	7.559	***	$\chi^2 = 13.954$,
CA33←网络环境和制度信任倾向	1.138	0.15	7.568	***	DF = 13,
CD21←功能兼容性	1				$\chi^2/DF = 1.073$,
CD22←功能兼容性	0.991	0.061	16.239	***	GFI = 0.985,
CD23←功能兼容性	0.917	0.062	14.882	***	AGFI = 0.967,
Y2←网络环境和制度信任倾向	0.504	0.091	5.53	***	RMSEA = 0.017
Y2←功能兼容性	0.013	0.049	0.261	0.794	

注：*** 表示 P < 0.001。

其次，构建功能兼容性对网络环境和制度信任倾向与公开推荐意愿的调节效应结构方程模型（囊括调节变量、交互乘积项），见图 7-24。CA31、CA32、CA33 代表主效应，CD21、CD22、CD23 代表调节效应，CA31、CA32、CA33，CD21、CD22、CD23 两组变量依次交乘，得到 X1Z1～X3Z3 共计九个交互乘积项，构成第三个潜在变量。

再其次，采用平（Ping，1995，1996）的二阶段估计方法对交互作用项的因素负荷量及残差加以固定。将图 7-23 中 CA31、CA32、CA33、CD21、CD22、CD23 的非标准化路径系数及残差代入表 7-48，输出 X1Z1～X3Z3 共计九个交互乘积项的因素负荷量及残差，输出结果见表 7-49。并将它们固定在囊括交互乘积项的结构方程模型中（见图 7-24）。

表 7-48　　　　　　　针对图 7-23 模型输入的系数

系数	X1	X2	X3	Z1	Z2	Z3
lambda	1	1.04	1.14	1	0.99	0.92
theta	0.44	0.68	0.79	0.33	0.3	0.5

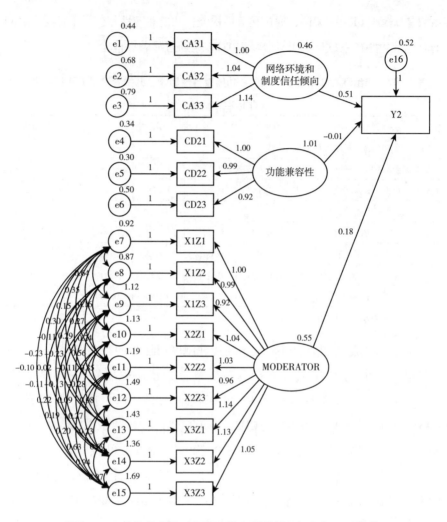

图 7 - 24　功能兼容性对网络环境和制度信任倾向与公开推荐

意愿的调节效应结构方程模型

（囊括调节变量、交互乘积项）

表 7 - 49　　　　　　　　图 7 - 23 模型输出的系数

系数	X1Z1	X1Z2	X1Z3	X2Z1	X2Z2	X2Z3	X3Z1	X3Z2	X3Z3
lambda	1	0.99	0.92	1.04	1.0296	0.9568	1.14	1.1286	1.0488
theta	0.9152	0.8676	1.1248	1.1288	1.1892	1.4856	1.4269	1.3611	1.6918

最后，得到囊括交互乘积项的结构方程模型非标准化路径系数和显著性水平，见表 7 - 50。对于整体模型的配适度指标：χ^2/DF 的值为 1. 671，小于 3；GFI 值为 0. 941，AGFI 值为 0. 904，均大于 0. 8；RMSEA 值为 0. 050，小于 0. 08，整体模型配适度指标符合表 5 - 1 的要求，说明测量模型有效。由表 7 - 50 可知，网络环境和制度信任倾向和功能兼容性的交互乘积项对公开推荐意愿具有显著的正向影响（非标准化的路径系数为 0. 178，$P < 0.05$）。同时，网络环境和制度信任倾向对公开推荐意愿具有显著的正向影响（非标准化的路径系数为 0. 512，$P < 0.001$）。由此表明，功能兼容性水平的提高，减弱了网络环境和制度信任倾向对公开推荐意愿的正向影响。功能兼容性对于网络环境和制度信任倾向与公开推荐意愿的调节效应存在。第 3 章的假设 H18l 得到验证。

表 7 - 50　　　　功能兼容性对网络环境和制度信任倾向

与公开推荐意愿调节效应实证结果汇总

（非标准化估计）

回归路径	估值	S. E.	CR	P	模型拟合结果
CA31←网络环境和制度信任倾向	1				
CA32←网络环境和制度信任倾向	1. 043	0. 138	7. 578	***	
CA33←网络环境和制度信任倾向	1. 142	0. 15	7. 596	***	
CD21←功能兼容性	1				
CD22←功能兼容性	0. 992	0. 061	16. 241	***	$\chi^2 = 138. 665$,
CD23←功能兼容性	0. 916	0. 062	14. 874	***	$DF = 83$,
Y2←网络环境和制度信任倾向	0. 512	0. 091	5. 637	***	$\chi^2/DF = 1. 671$, GFI = 0. 941,
Y2←功能兼容性	- 0. 009	0. 049	- 0. 179	0. 858	AGFI = 0. 904,
X1Z1←MODERATOR	1				RMSEA = 0. 050
X1Z2←MODERATOR	0. 99				
X1Z3←MODERATOR	0. 92				
X2Z1←MODERATOR	1. 04				
X2Z2←MODERATOR	1. 03				

续表

回归路径	估值	S. E.	CR	P	模型拟合结果
X2Z3←MODERATOR	0.96				$\chi^2 = 138.665$,
X3Z1←MODERATOR	1.14				DF = 83,
X3Z2←MODERATOR	1.13				$\chi^2/DF = 1.671$,
X3Z3←MODERATOR	1.05				GFI = 0.941,
Y2←MODERATOR	0.178	0.079	2.25	0.024	AGFI = 0.904, RMSEA = 0.050

注: *** 表示 P < 0.001。

7.4　本章小结

　　本章首先对调节效应的分析方法进行回顾，对观察变量的调节效应分析方法和潜在变量的调节效应分析方法分别进行阐述，并交代平（Ping，1996）方法作为本研究调节效应分析方法的主要操作步骤。随后，根据平（Ping，1996）方法的步骤，检定电子商务特性（信息过载性和功能兼容性）对信任倾向影响购买意愿作用机制的调节作用，检定结果表明 H18a、H18b、H18e、H18g、H18i、H18j、H18k、H18l 共计 8 条假设得到验证，而 H18c、H18d、H18f、H18h 共计 4 条假设未得到验证。图 7 - 25 为电子商务特性对信任倾向影响购买意愿调节效应汇总图。

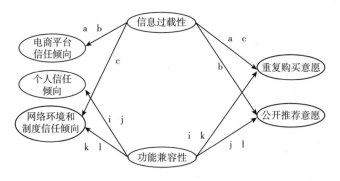

　　图 7 - 25　信息过载性和功能兼容性对信任倾向影响购买意愿调节效应汇总

第 *8* 章

结论与展望

根据以上章节的分析，本书对消费者信任倾向、感知风险对购买意愿影响的作用机制进行了全面系统的剖析。在此基础上，本章对本书的理论贡献和实践意义进行总结，并对研究的局限性和不足性进行说明，展望未来的研究方向。

8.1　研究结论

随着互联网和贸易全球化的迅速发展，人们消费水平的不断提升，跨境电商已成为影响经济、社会、文化等方面的重要力量之一，也对人类的生活方式产生前所未有的影响，引起了人们生活方式翻天覆地的变化。同时，我国网民数量和互联网普及率位居全球首位，跨境电商蕴含着巨大的商机。消费者在享受跨境零售电商优越和便利的同时，由于不成熟的新兴市场环境、特殊的远程购物情境以及分阶段交易流程，使得消费者在售后阶段和配送阶段等多阶段感知风险不断涌现，从而对消费者购买意愿产生严重制约。因此，针对跨境零售电商平台，探究消费者信任倾向、感知风险对购买意愿的影响机制成为当前理论和实践的重点。本书围绕"消费者信任倾向、感知风险是如何影响购买意愿的"这一研究命题，运用一系列统计分析方法和相关梳理统计工具，验证理论假设，得出了以下研究结论：

（1）消费者信任倾向对感知风险具有显著的负向作用，感知风险对购买意愿具有显著的负向作用，信任倾向对购买意愿具有显著的正向影响。具体到每个变量分维度之间的关系：第一，消费者信任倾向的三个分维度电商平台信任倾向、个人信任倾向、网络环境和制度信任倾向分别对感知风险的两个分维度售后感知风险和配送感知风险具有显著的负向作用，也分别对购买意愿的两个分维度重新购买意愿和公开推荐意愿具有显著的正向作用；第二，感知风险的两个分维度售后感知风险和配送感知风险分别对购买意愿的两个分维度重新购买意愿和公开推荐意愿具有显著的负向作用。

（2）感知风险在信任倾向对购买意愿的影响中存在中介效应。而感知风险的两个分维度售后感知风险和配送感知风险的中介效应又有着较为明显的差异。第一，售后感知风险在变量关系中起到部分中介作用：售后感知风险作用于电商平台信任倾向与重复购买意愿的部分中介效应，售后感知风险作用于电商平台信任倾向与公开推荐意愿的部分中介效应，售后感知风险作用于个人信任倾向与重复购买意愿的部分中介效应，售后感知风险作用于个人信任倾向与公开推荐意愿的部分中介效应，售后感知风险作用于网络环境和制度信任倾向与公开推荐意愿的部分中介效应。第二，配送感知风险在变量关系中起到部分中介作用：配送感知风险作用于个人信任倾向与重复购买意愿的部分中介效应，配送感知风险作用于个人信任倾向与公开推荐意愿的部分中介效应，配送感知风险作用于网络环境和制度信任倾向与重复购买意愿的部分中介效应，配送感知风险作用于网络环境和制度信任倾向与公开推荐意愿的部分中介效应。

（3）在电子商务特性（消极）调节消费者信任倾向和购买意愿之间关系的研究中，发现电子商务特性（消极）对消费者信任倾向和购买意愿的关系具有显著的负向调节作用，具体到每个变量分维度的研究结论如下。第一，信息兼容性分别对电商平台信任倾向与重复购买意愿的关系、电商平台信任倾向与公开推荐意愿的关系、网络环境和制度信任倾向与重复购买意愿的关系具有负向调节作用。第二，功能兼容性分别对个人信任倾向与重复购买意愿的关系、个人信任倾向与公开推荐意愿的关系、网络环境和制度信任倾向与重复购买意愿的关系、网络环境和制度信任倾向与公开推荐意愿的关系具有负向调节作用。

8.2　理论贡献与实践启示

8.2.1　理论贡献

本研究深入阐释了消费者信任倾向、感知风险和购买意愿之间的影响关系，以及信息过载性和功能兼容性对消费者信任倾向和购买意愿关系的调节作用，具有较强的理论意义和实践价值。具体如下：

（1）本研究以消费信任倾向、感知风险作为研究点，通过实证分析论证了消费者信任倾向（即电商平台信任倾向、个人信任倾向、网络环境和制度信任倾向）对感知风险（即售后感知风险和配送感知风险）的影响机理，并提出了消费者信任倾向受感知风险的制约从而影响购买意愿，感知风险是影响购买意愿的直接原因。这一机制的研究进一步丰富了消费者信任、信任倾向和感知风险的研究深度，有利于推动理性行为理论、计划行为理论、技术接受理论等消费者行为理论的拓展和应用。

（2）跨境零售电商平台的电子商务特性不尽相同，本书从电子商务特性的角度构建调节效应模型，分析信息过载性和功能兼容性在消费者信任倾向和购买意愿之间的调节作用，该研究丰富了电子商务特性、信任倾向、购买意愿等研究内容，拓展了信息系统成功模型、电子商务成功模型等相关理论模型，对提升电子商务企业持续竞争力具有重要意义。

8.2.2 实践启示

（1）本研究的实际意义在于：通过对跨境零售电商平台消费者购买意愿进行描述和解释，为相关电商企业提供深入认识消费者购买过程中认知心理行为的信息，解释消费者某些行为背后的原因，以便在制定相关策略时能够有效消除消费者的顾虑和担忧，降低消费者的感知风险程度，突破消费者购买过程中的阻碍因素，从而帮助相关电商企业在激烈的市场竞争下持续稳步发展。另外，能够有效满足消费者的各项需求，让消费者充分共享跨境零售电商购买渠道的便利性和优越性。

（2）本研究结论显示，消费者购买意愿受到信任倾向的显著正向影响，受到感知风险的显著负向影响，感知风险在信任倾向和购买意愿之间起部分中介作用。根据本书的研究结论，相关电商企业要重视消费者对于电商平台、网络环境和制度等方面的信任体系构建，关注消费者全方位多维度的信任倾向变化，从而稳固提升消费者的购买意愿。而感知风险是消费者产生消极购买心态的重要原因，相关企业为了确保消费者购买意愿，必须消除消费者各个阶段的担忧及感知风险，而这些感知风险中最重要的就是消除消费者对售后服务环节的担忧以及商品在配送物流环节的不放心。

（3）本研究结论显示，信息过载性和功能兼容性负向调节消费者信任和购买意愿的关系。根据本书的研究结论，相关电商企业要重视信息过载、信息冗余、过度推送、功能兼容等问题对于自身的负面影响。以往电商企业总是追求大而全的多样化功能，试图通过信息推送来达到提升消费者购买意愿的目的。但消费者面对海量搜索信息和推送广告，反而产生了倦怠情绪和消极购买行为。根据本研究的实证分析检验证明，信息过载性对电商平台信任倾向、网络环境和制度信任倾向影响重复购买意愿和公开推荐意愿的影响关系中存在负向调节作用，功能兼容性对个人信任倾向、网络环境和制度信任倾向影响重复购买意愿和公开推荐意愿的影响关系中存在负向调节作用。基于本书的研究结论，相关电商企业应反思自身的营销策略是否得当，是否存在信息过载性和功能兼容性等新类型的电子商务消极特性。

（4）本研究提出的理论框架，反映了在实践基础上各个变量之间的影响作用关系。当这些关系得到验证后，本研究的理论框架就具有了较强的解释和预测能力。本研究基于理论框架提出各项假设中，各变量之间影响作用的假设（H1～H16）全部得到验证，中介效应的 12 条假设中有 9 条得到验证，调节效应的 12 条假设中有 8 条得到验证。利用本研究得到验证的假设，若实际情况与本模型和实证检定的情况相类似，就可以利用本研究的理论来提升信任倾向、降低感知风险，从而提升消费者购买意愿。

8.3 研究局限与研究展望

本书虽然通过前人学者理论和文献的梳理，构建了消费者信任倾向、感知风险与购买意愿之间的影响机制模型，并对问卷数据进行了仔细整理和详尽分析。但研究依然有不足之处：尽管作者通过问卷星网站向全国范围内公开发放了 378 份问卷，但由于部分被调查者存在并无跨境零售电商平台购买经历、作答数据过短、数据异常等情况，有 112 份问卷是无效的，余下 266 份有效问卷作为本研究的调查数据。但研究数据的数量对结构方程模型的应用是存在影响的（MacKinnon & Matthew，2007），因此，本书的研究结论有待于今后通过更大样本量进行检验，进一步精准提升这项研究的理论意义和实践价值。

此外，本书对变量的选择方面的也存在局限。由于研究资源的限制和理论制约，进而考虑到的研究变量数量较少。在未来的研究中，还可以适当增加一些其他的研究变量，进一步丰富本研究的理论框架。譬如，增加一些前因变量，以及影响购买行为的其他影响因素等，进一步丰富和完善理论框架的描述力和解释力。

附录　跨境零售电商平台消费者购买意愿问卷调查

尊敬的先生/女士：

您好！非常感谢您百忙之中抽出时间参与本次问卷调查！本次问卷调查结果仅供学术研究之用，采用匿名作答的方式，对您所提供的数据将会保密处理。请根据自己的真实想法作答，答案没有对错之分。

本次问卷调查基于跨境零售电商平台消费者购买进口商品的消费情境，涉及信任倾向、感知风险和购买意愿之间的关系，并考察电子商务特性（信息过载性和功能兼容性）对信任倾向和购买意愿之间的调节作用。信任倾向由电商平台信任倾向、个人信任倾向、网络环境和制度信任倾向三个维度构成；感知风险由售后感知风险和配送感知风险两个维度构成；购买意愿由重复购买意愿和公开推荐意愿两个维度构成。下面是针对每一个构念设计的衡量题项，您只需要根据自己的真实想法，在对应的分值上打"√"。其中第一部分是消费者基本情况，第二部分是正式问卷调查。本次问卷调查大约需要 5 分钟，在此恳请得到您的耐心作答，对您表示由衷的感谢！

问卷说明：跨境零售电商平台指那些直接面向国内消费者，为其提供进口商品订购等相关服务的电子商务平台，比如天猫国际、京东全球购、亚马逊海外购、网易考拉海购、苏宁海外购、洋码头、聚美优品、美丽说等。

第一部分　消费者基本情况

1. 您是否通过跨境零售电商平台购买过进口商品：

　　□是（选择该项继续作答）　　　　　□否（选择该项终止作答）

2. 您最常选择的跨境零售电商平台是：（单选）

　　□天猫国际　　　　　　□淘宝全球购　　　　　□京东全球购

　　□亚马逊海外购　　　　□网易考拉海购　　　　□苏宁海外购

　　□洋码头　　　　　　　□聚美极速免税店　　　□美丽说

　　□1号店的"1号海购"　□唯品会全球特卖　　　□顺丰海淘

　　□小红书　　　　　　　□蜜芽宝贝　　　　　　□其他

3. 您的性别：

　　□男　　　　　　　　　□女

4. 您的年龄是：

　　□18岁以下　　　□18~25岁　　　□26~35岁　　　□36~45岁

　　□46~55岁　　　□56~65岁　　　□66岁及以上

5. 您的受教育程度是：

　　□小学　　　　　　□初中　　　　　□高中/中专　　　□大专

　　□本科　　　　　　□硕士　　　　　□博士

6. 您的职业：

　　□在校学生　　□个体工商户、自由职业者　　□公司/企业员工

　　□党政机关、事业单位工作人员　　□离退休人员　　□自由工作者

　　□其他

7. 您可支配的月收入：

　　□3000元以下　　　□3001~5000元　　　□5001~8000元

　　□8001~10000元　　□10001~15000元　　□15001~20000元

　　□20001元及以上

第二部分 正式调查问卷

说明：针对您在第一部分第二题选择的跨境零售电商平台，根据您的真实意愿打"√"。

（一）电商平台信任倾向

电商平台信任倾向	完全不同意	不同意	有点不同意	中立	有点同意	同意	完全同意
我认为该跨境零售电商平台诚信度很好（A11）	1	2	3	4	5	6	7
我认同、欣赏该跨境零售电商平台（A12）	1	2	3	4	5	6	7
我认为该跨境零售电商平台是值得信赖的（A13）	1	2	3	4	5	6	7
我认为该跨境零售电商平台海外产品更新速度快（A14）	1	2	3	4	5	6	7
我认为该跨境零售电商平台是大规模、有实力的企业（A15）	1	2	3	4	5	6	7
我认为该跨境零售电商平台有严格的商家入驻制度和监管制度，不会容许欺骗消费者（A16）	1	2	3	4	5	6	7

（二）个人信任倾向

个人信任倾向	完全不同意	不同意	有点不同意	中立	有点同意	同意	完全同意
我认为世界上的大多数人是信守承诺的（A21）	1	2	3	4	5	6	7
我认为世界上的大多数人是充满善意的（A22）	1	2	3	4	5	6	7
即使我没有相关知识与经验，我也愿意相信他人（A23）	1	2	3	4	5	6	7
我与他人交往的原则是信任他人，直到我不能证明他们是可信任的（A24）	1	2	3	4	5	6	7

（三）网络环境和制度信任倾向

网络环境和制度信任倾向	完全不同意	不同意	有点不同意	中立	有点同意	同意	完全同意
我认为网络环境发展已经比较安全、成熟（A31）	1	2	3	4	5	6	7
我认为该跨境零售电商平台所在国的法律制度能够保证交易双方的权利和义务（A32）	1	2	3	4	5	6	7
我对先进加密技术能保证安全地在网上交易感到有把握（A33）	1	2	3	4	5	6	7
我认为现有网络技术足以保护我在网上交易时不出问题（A34）	1	2	3	4	5	6	7

（四）售后感知风险

售后感知风险	完全不同意	不同意	有点不同意	中立	有点同意	同意	完全同意
在该跨境零售电商平台上购买的商品配送时间可能比较长（B11）	1	2	3	4	5	6	7
对该跨境零售电商平台上购买的商品不满意，等待退货或维修等解决问题时间过长（B12）	1	2	3	4	5	6	7
由于频繁调整价格，在该跨境零售电商平台上购买的产品在购买后可能降价（B13）	1	2	3	4	5	6	7

（五）配送感知风险

配送感知风险	完全不同意	不同意	有点不同意	中立	有点同意	同意	完全同意
该跨境零售电商平台上购买的商品在配送过程中可能发生丢失（B21）	1	2	3	4	5	6	7
该跨境零售电商平台上购买的商品送货时可能送错地址（B22）	1	2	3	4	5	6	7
在该跨境零售电商平台上购买的海外商品容易产生较高的配送成本（B23）	1	2	3	4	5	6	7
该跨境零售电商平台上购买的商品在配送过程中可能配送错误的商品（B24）	1	2	3	4	5	6	7

（六）重复购买意愿

重复购买意愿	完全不同意	不同意	有点不同意	中立	有点同意	同意	完全同意
我经常访问该跨境零售电商平台（C11）	1	2	3	4	5	6	7
我认为该跨境零售电商平台是我购买同类产品的最佳选择（C12）	1	2	3	4	5	6	7
我会在未来继续购买该跨境零售电商平台的其他产品或服务（C13）	1	2	3	4	5	6	7
我更愿意尝试该跨境零售电商平台提供的新产品或服务（C14）	1	2	3	4	5	6	7
如果购买进口产品，使用该跨境零售电商平台购买的可能性比较大（C15）	1	2	3	4	5	6	7

（七）公开推荐意愿

公开推荐意愿	完全不同意	不同意	有点不同意	中立	有点同意	同意	完全同意
我会主动向他人推荐这个跨境零售电商平台（C21）	1	2	3	4	5	6	7
当有人询问我购买海外商品的意见时，我会推荐该跨境零售电商平台的产品（C22）	1	2	3	4	5	6	7
我会在跨境零售电商平台上留下积极评价（C23）	1	2	3	4	5	6	7
我会向亲朋好友推荐购买该产品（C24）	1	2	3	4	5	6	7
我愿意公开分享该跨境零售电商平台的优点（C25）	1	2	3	4	5	6	7

（八）信息过载性

信息过载性	完全不同意	不同意	有点不同意	中立	有点同意	同意	完全同意
我认为在该跨境零售电商平台搜索得到的商品信息太多了，根本看不过来（D11）	1	2	3	4	5	6	7
我对该跨境零售电商平台的广告商品品质持怀疑态度（D12）	1	2	3	4	5	6	7
该跨境零售电商平台推送的内容，大多是标题党，点进去一点内容都没有（D13）	1	2	3	4	5	6	7

（九）功能兼容性

功能兼容性	完全 不同意	不同意	有点 不同意	中立	有点 同意	同意	完全 同意
我有时在该跨境零售电商平台搜索海外商品信息，但是通过其他渠道购买商品（D21）	1	2	3	4	5	6	7
我认为该跨境零售电商平台的娱乐性很强，可以满足我的休闲娱乐（D22）	1	2	3	4	5	6	7
我有时在该跨境零售电商平台发表评论，和其他消费者交流信息（D23）	1	2	3	4	5	6	7

参 考 文 献

［1］曹玉枝．多渠道环境中消费者渠道使用转移行为研究［D］．武汉：华中科技大学，2012．

［2］陈传红．网站制度管控对消费者信任的影响研究［D］．武汉：华中科技大学，2013．

［3］陈蕾．社会化电子商务环境下消费者信任的建立与评价研究［D］．北京：中国农业大学，2016．

［4］陈璐，张玉清，苏娟．网络购物感知风险测量结构方程模型分析——以高校大学生为例［J］．南昌航空大学学报（社会科学版），2016（3）：53－59．

［5］陈明亮，汪贵浦，邓生宇．初始网络信任和持续网络信任形成与作用机制比较［J］．科研管理，2008（29）：187－195．

［6］陈莎．社会化电子商务网站信任影响因素及信任对口碑传播的影响研究［D］．长江：中南大学，2013．

［7］邓新明．中国情景下消费者的伦理购买意愿研究——基于TPB视角［J］．南开管理评论，2012（15）：22－32．

［8］方杰，温忠麟，张敏强，孙配贞．基于结构方程模型的多重效应分析［J］．心理科学，2014（37）：735－741．

［9］冯炜．消费者网络购物信任影响因素的实证研究［D］．杭州：浙江大学，2010．

［10］郭燕．消费者跨渠道购买行为形成机理及其调控策略研究［D］．徐州：中国矿业大学，2016．

[11] 贺明华，梁晓蓓，肖琳.共享经济监管机制对感知隐私风险、消费者信任及持续共享意愿的影响 [J].北京理工大学学报（社会科学版），2018，20（6）：55-65.

[12] 简迎辉，聂晶晶.网络促销环境下消费者感知风险维度研究 [J].武汉理工大学学报，2015（4）：473-476.

[13] 井森，周颖，王方华.网上购物感知风险的实证研究 [J].系统管理学报，2007（4）：22-35.

[14] 孔鹏举，周水银.消费者家电网购感知风险维度研究 [J].科技管理研究，2012（2）：203-207.

[15] 李凌慧，曹淑艳.B2C 跨境电子商务消费者购买决策影响因素研究 [J].国际商务——对外经济贸易大学学报，2017（1）：151-160.

[16] 李玉萍.网络购物顾客重购意愿影响因素的实证研究 [D].成都：西南交通大学，2015.

[17] 李元旭，罗佳.文化距离、制度距离与跨境电子商务中的感知风险 [J].财经问题研究，2017（3）：106-114.

[18] 梁健爱.顾客感知风险对网络零售商惠顾意愿影响实证研究 [J].企业经济，2012（8）：110-114.

[19] 刘蓓蕾，何莉，钱黎春，吴金南.女性网购风险感知的影响因素与消减路径研究 [J].安徽理工大学学报（社会科学版），2013（1）：22-25.

[20] 刘鲁川，李旭，张冰倩.基于扎根理论的社交媒体用户倦怠与消极使用研究 [J].情报理论与实践，2017，40（12）：100-106.

[21] 刘玉芽，冯智雅.大学生网购感知风险对购买决策的影响研究 [J].广东省社会主义学院学报，2015（4）：106-112.

[22] 吕小静.B2C 中消费者信任影响因素研究 [J].经济与管理，2019，41（2）：114-116.

[23] 吕雪晴.海淘消费者感知风险的形成机理 [J].中国流通经济，2016（4）：101-107.

[24] 莫赞，罗敏瑶. 在线评论对消费者购买决策的影响研究——基于评论可信度和信任倾向的中介、调节作用 [J]. 广东工业大学学报，2019，36（2）：54 - 62.

[25] 潘煜，张星，高丽. 网络零售中影响消费者购买意愿因素研究 [J]. 中国工业经济，2010（7）：115 - 124.

[26] 邱佳青，裴雷，孙建军. 社交网络背景下的用户信息屏蔽意向研究 [J]. 情报理论与实践，2016，39（11）：43 - 48.

[27] 孙平，高科技品牌延伸的评价模型与消费者评价实证研究 [D]. 济南：山东大学，2008.

[28] 王娜，任婷. 移动社交网站中的信息过载与个性化推荐机制研究 [J]. 情报杂志，2015，34（8）：190 - 195.

[29] 王子贤，吕庆华. 感知风险与消费者跨境网购意愿——有中介的调节模型 [J]. 经济问题，2018（12）：61 - 68.

[30] 温忠麟，侯杰泰，Herbert W. Marsh. 结构方程模型中调节效应的标准化估计 [J]. 心理学报，2008（40）：729 - 736.

[31] 温忠麟，侯杰泰，张雷. 调节效应与中介效应的比较和应用 [J]. 心理学报，2005（37）：268 - 274.

[32] 温忠麟，吴艳. 潜变量交互效应建模方法演变与简化 [J]. 心理科学进展，2010（18）：1306 - 1313.

[33] 温忠麟，叶宝娟. 中介效应分析：方法和模型发展 [J]. 心理科学进展，2014（5）：731 - 745.

[34] 吴洁倩. 平台类购物网站信任和购物行为的影响因素及其作用机理实证研究 [D]. 上海：复旦大学，2011.

[35] 吴明隆. 结构方程模型——Amos 的操作与应用 [M]. 重庆：重庆大学出版社，2010.

[36] 熊焰. 消费者初次网络购物信任和风险问题研究 [D]. 上海：同济大学，2007.

[37] 徐碧祥. 员工信任对其知识整合与共享意愿的作用机制研究

［D］．杭州：浙江大学，2007．

　［38］徐林玉，张德化，汪伟忠．大学生网购风险感知能力评估［J］．内蒙古财经大学学报，2017（3）：74－79．

　［39］杨青，钱新华，庞川．消费者网络信任与网上支付风险感知实证研究［J］．统计研究，2011（10）：89－97．

　［40］杨庆．消费者对网络商品的信任及信任传递的研究［D］．上海：复旦大学，2015．

　［41］杨翾．感知风险和信任对互联网理财产品消费行为的影响机理研究［D］．南昌：南昌大学，2016．

　［42］叶乃沂．消费者感知风险及上网购物行为研究［D］．西安：西安交通大学，2008．

　［43］叶乃沂，周蝶．消费者网络购物感知风险概念及测量模型研究［J］．管理工程学报，2014（4）：88－94．

　［44］虞萍．影响企业电子商务成功的网站因素研究［D］．北京：中国农业大学，2014．

　［45］张敏，孟蝶，张艳．强关系社交媒体用户消极使用行为形成机理的概念模型——基于使能和抑能的双重视角的扎根分析［J］．现代情报，2019，39（4）：42－50．

　［46］张伟豪.SEM论文写作不求人［M］．新北：开茂图书出版股份有限公司，2012．

　［47］张伟豪．与结构方程模型共舞：曙光初现［M］．新北：前程文化事业有限公司，2012．

　［48］张晓雯，陈岩．社会化电子商务环境下消费者购买意愿的影响因素研究［J］．现代商业，2015（22）：69－74．

　［49］钟凯．网络消费者感知价值对购买意愿影响的研究［D］．沈阳：辽宁大学，2013．

　［50］周涛，鲁耀斌，张金隆．基于感知价值与信任的移动商务用户接受行为研究［J］．管理学报，2009（10）：1407－1412．

［51］ Agarwal R, Venkatesh V. Assessing a firm's web presence: A heuristic evaluation procedure for the measurement of usability ［J］. Information Systems Research, 2002, 13 （2）: 168 – 186.

［52］ Ajzen I. Attitudes, Personality, and Behavior ［M］. Miltion Keynes, Open University Press, 1988: 66 – 79.

［53］ Barber B. The Logic and Limits of Trusts ［M］. New Rutggers University Press, Brunswiek, NJ, 1983.

［54］ Baron R M, Kenny D A. The Moderator-Mediator Variable Distinction in Social PsychologicalResearch: Conceptual, Strategic, and Statistical Considerations ［J］. Journal of Personality and Social Psychology, 1986 （6）: 1173 – 1182.

［55］ Bauer R A. Consumer behavior as risk taking ［D］ //in Hancock, R. S. （Ed.） ［J］. Dynamic Marketing for a Changing World. Proceeding of the 43rd Conference of the American Marketing Association, 1960: 389 – 398.

［56］ Bettman J R. Perceived risk and its components: a model and empirical test ［J］. Journal of Marketing Research, 1973 （10）: 184 – 190.

［57］ Bhattacherjee A. Individual trust in online firms: Scale development and initial test ［J］. Journal of Management Information System, 2002 （19）: 211 – 241.

［58］ Brown I, Jayakody R. B2C e-commerce success: A test and validation of a revised conceptual model ［J］. The Electronic Journal Information Systems Evaluation, 2008, 11 （3）: 167 – 184.

［59］ Chang Y P, Zhu D H. Understanding social networking sites adoption in China: A comparison of pre-adoption and post-adoption ［J］. Computer in Human Behavior, 2011, 27 （5）: 1840 – 1848.

［60］ Chen J V, Rungruengsamrit D, Rajkumar T M, Yen D C. Success of electronic commerce web sites: A comparative study in two countries ［J］. Information & Management, 2013 （50）: 344 – 355.

[61] Chen L, Gillenson M L, Sherrell D L. Consumers acceptance of virtual stores: A theoretical model and critical success factors for virtual stores [J]. ACM SIGMIS Database, 2004, 35 (2): 8 – 31.

[62] Chen Y, Barnes S. Initial trust and online buyer behavior [J]. Industrial Management & Data Systems, 2007 (107): 21 – 36.

[63] Cherubini M, Gutieerez A, Oliveira R D. Social tagging revamped supporting the users' need of self-promotion through persuasive techniques [C]. Proceeding of the SIGHI conference on human factors in computing systems, ACM, 2010 (4): 985 – 998.

[64] Chiger S. The future of online commerce is now [J]. Catalog Age, 1997 (14): 64 – 68.

[65] Coleman J S. Foundation of Social Theory [M]. Cambridge, MA: The Belknap Press of Harvard University Press, 1990.

[66] Corritore C L, Kracher B, Wiedenbeck S. Editorial: Trust and Technology [J]. International Journal of Human-Computer Studies, 2003, 58 (6): 633 – 635.

[67] Cox D F. Risk handling in consumer behavior—an intensive study of two cases [D]. Graduate School of Business Administration, Harvard University, 1967.

[68] Cudeck R, Michael W. Browne. Cross-validation of Covariance Structures [J]. Multivariate Behavioral Research, 1983 (18): 147 – 167.

[69] Cunningham S M. The major dimension of perceived risk [D]. Graduate School of Business Administration, Harvard University, 1967.

[70] Das T K, Teng B S. Between trust and control: Developing confidence in partner cooperation in alliance [J]. Academy of Management Review, 1998 (23): 491 – 512.

[71] Davis F D, Bagozzi R P, Warshaw P R. User acceptance of computer technology: a comparison of two theoretical models [J]. Management Sci-

ence, 1989 (8): 982 – 1003.

[72] Delone W H, McLean E R. Information systems success: The quest for the dependent variable [J]. Information Systems Research, 1992 (3): 60 – 95.

[73] Delone W H, McLean E R. Measuring e-commerce success: Applying the Delone & McLean information systems success model [J]. Internationale Journal of Electronic Commerce, 2004 (9): 31 – 47.

[74] Delone W H. The DeLone and McLean model of information systems success: A ten-year update [J]. Journal of management information systems, 2003 (19): 9 – 30.

[75] Derbaix C. Perceived Risk and RiskRelievers: An Empirical Investigation [J]. Journal of Economic Psychology, 1983 (3): 19 – 38.

[76] Dhar R. Consumer preference for a no-choice option [J]. Journal of Consumer Research, 1997 (24): 215 – 231.

[77] Dowling G R, Richard S. A model of perceived risk and intended risk-handling activity [J]. Journal of Consumer Research, 1994 (21): 119 – 134.

[78] Dowling G R, Staelin R. A Model of Perceived Risk and Intended Risk—Handling Activity [J]. Journal of ConsumerResearch, 1994 (21): 119 – 134.

[79] Driscoll J W. Trust and participation in organization decision making as predictors of satisfaction [J]. Academy of Management Journal, 1978 (21): 44 – 56.

[80] Edith S. Measuring Success [J]. Communications of the ACM, 2000, 43 (8): 53 – 57.

[81] Ert E, Fleischer A, Magen N. Trust and reputation in the sharing economy: The role of personal photos in Airbnb [J]. Tourism Management, 2016, 55: 62 – 73.

［82］ Featherman M S, Pavlou P A. Prediction E-services adoption: A perceived risk facts perspective ［C］. Eighth Americas Conference on Information Systems, 2002: 1034 – 1046.

［83］ Fishbein M, Ajzen I. Belief, attitude, intention and behavior: An introduction to theory and research ［M］. M. A: Addison-Wesley Pub, Co, 1975.

［84］ Fishiburn P C. Condocet social choice functions ［J］. Journal of Applied Mathematics, 1977 (33): 366 – 384.

［85］ Foggy B J, Tseng H. The elements of computer credibility ［J］. Proceedings of SIGCHI conference on Human factors in computing systems, 1999 : 80 – 87.

［86］ Fornell C, Larcker D F. Evaluating Structural Equation Models with Unobservable Variables and Measurement Error ［J］. Journal of Marketing Research, 1981 (2): 39 – 51.

［87］ Forsythe S M, Shi B. Consumer patronage and risk perceptions in internet shopping ［J］. Journal of Business Research, 2003 (56): 867 – 875.

［88］ Forsythe S M, Shi B. Consumer patronage and risk perceptions in Internet shopping ［J］. Journal of Business Research, 2003 (56): 867 – 875.

［89］ Fukuyama F. Trust: The Social Virtues and the Creation of Prosperity ［M］. New York: Free Press, 1995.

［90］ Ganesan S. Determinants of long-term orientation in buyer-seller relationship ［J］. Journal of Marketing, 1994 (58): 1 – 19.

［91］ Garrity E J, Sanders G L. Dimensions of information systems success ［J］. Information Systems Success Measurement, 2005 (1): 13 – 45.

［92］ Gefen D. Inexperience and experience with online stores: the importance of TAM and trust ［J］. IEEE Transactions on Engineering Management, 2003, 50 (3) : 307 – 321.

［93］ Giddens A. The Consequence of Modernity ［M］. Cambridge: Polity

Press, 1990.

[94] Grabnner K S, Kaluscha E A. Empirical research in on-line trust: A review and critical assessment [J]. Human-Computer Studies, 2003 (58): 783 – 812.

[95] Greenleaf E A, Lehmann D R. Reasons for substantial delay in consumer decision making [J]. Journal of Consumer Research, 1993 (22): 186 – 199.

[96] Hassan A M, Kunz B M, Pearson A W, Mohamed F A. Conceptualization and measurement of perceived risk in online shopping [J]. Marketing Management Journal, 2006.

[97] Hayes A F. Beyond Baron and Kenny: Statistical mediation analysis in the new millennium [J]. Communication Monographs, 2009 (12): 408 – 420.

[98] Holbert R L, Stephenson M T. The Importance of Indirect Effects in Media Effects Research: Testing for Mediation in Structural Equation Modeling [J]. Journal of Broadcasting & Electronic Media, 2003 (4): 556 – 572.

[99] Hosmer L T. Trust: The connecting link between organizational theory and philosophical rthics [J]. Academy of Management Review, 1995 (20): 379 – 403.

[100] Javenpaa S L, Tractinsky N. Consumer Trust in an Internet Store: A Cross-Cultural Validation [J]. Journal of Computer Mediated Communication, 1999 (5): 1 – 35.

[101] Javenpaa S L, Tractinsky N. Consumer Trust in an Internet Store [J]. Information Technolog and Management, 2000 (1): 45 – 71.

[102] Jia J M, Dyer J S, Bulter J C. Measures of Perceived Risk [J]. Management Science, 1999 (45).

[103] Jia J M, Dyer J S. A standard measure of risking and risk-value models [J]. Management Science, 1996 (42): 1075 – 1691.

［104］ Kim D J, Ferrin D L, Rao H R. A trust-based consumer decision-making model in electronic commerce: The role of trust, perceived risk, and their antecedents ［J］. Decision Support Systems, 2008 (44): 544 – 564.

［105］ Kim H W, Gupta S. Acomparison of purchase decision calculus between potential and repeat customers of an online store ［J］. Decision Support Systems, 2009 (47): 477 – 487.

［106］ Kini A, Choobineh J. Trust in electronic commerce: Definition and theoretical consideration ［C］. In: Proceedings of the 31st Annual Hawaii Internationale Conference on System Sciences (HICSS), 1998 (4): 51 – 61.

［107］ Klapp O E. Overload and Boredom ［M］. Westport, CN: Greenwood Press, 1986.

［108］ Koufaris M, Hampton-Sosa W. The development of initial trust in an online company by new customers ［J］. Information & Management, 2004 (41): 377 – 397.

［109］ Kreps D. Perspective on Positive Political Economy ［M］. Cambridge University Press, 1990: 90 – 143.

［110］ Kuan H H, Bock G W, Vathanophas V. Comparing the effects of website quality on Customer initial purchase and continued purchase at e-commerce websites ［J］. Behavior & Information Technology, 2008 (27): 3 – 16.

［111］ Lee A R, Son S M, Kim K K. Information and communication technology overload and social networking service fatigue: A stress perspective ［J］. Computer in Human Behavior, 2016 (55): 51 – 61.

［112］ Lee M C. Factors influencing the adoption of internet banking: An integration of TAM and TPB with perceived risk and perceived benefit ［J］. Electronic Commerce Research and Application, 2009, 8 (3): 130 – 141.

［113］ Lee M K O, Turban E. A trust model for consumer internet shopping ［J］. International Journal of Electronic Commerce, 2001 (6): 75 – 91.

［114］ Lee S, Kim K J. Factors affecting the implementation success of

Internet-based information systems [J]. Computers in Human Behavior, 2013 (19): 1 – 28.

[115] Lee S M, Katerattanakul P, Hong S. Framework for user perception of effective e-tail web sites [J]. Journal of Electronic Commerce in Organization (JECO), 2005, 3 (1): 13 – 34.

[116] Lewis J D, Weigert A J. Social atomism, holism, and trust [J]. The Sociological Quarterly, 1985 (26): 455 – 471.

[107] Lohse G L, Spiller P. Electronic shopping [J]. Communication of the ACM, 1998 (41): 81 – 87.

[118] Luce R D, Weber E U. An axiomatic theory of conjoint, expected risk [J]. Journal of Mathematical Psychology, 1986 (30): 188 – 205.

[119] Luce R D. Severval possible measures of risk [J]. Theory and Decision, 1980 (12): 217 – 218.

[120] MacKinnon D P, Fritz M S. Distribution of the product confidence limits forthe indirect effect: Program PRODCLIN [J]. Behavior Research Methods, 2007, 39 (3): 384 – 389.

[121] MacKinnon D P, Lockwood C M, Hoffman J M, West S G, Sheets V. A Comparison of Methods to Test Mediation and OtherIntervening Variable Effects [J]. Psychological Methods, 2002 (1): 83 – 104.

[122] MacKinnon D P, Lockwood C M, Williams J. Confidence Limits for the Indirect Effect: Distribution of the Product and Resampling Methods [J]. Multivariate Behavioral Research, 2004, 39 (1): 99 – 128.

[123] Martin J, Mortimer G, Andrews L. Re-examining online customer experience to include purchase frequency and perceived risk [J]. Journal of Retailing and Consumer Services, 2015 (25): 81 – 95.

[124] Mayer R C, Davis J H, Schoorman F D. An integration model of organizational trust [J]. The Academy of Management Review, 1995 (20): 709 – 734.

［125］McKinney V，Yoon K，Zahedi F M. The measurement of Web-customer satisfaction：An expectation and disconfirmation approach ［J］. Information Systems Research，2002，13（3）：296 – 315.

［126］McKnight D，Choudhury H V，Kacmar C. Developing and validating trust measures for e-commerce：An integrative typology ［J］. Information Systems Research，2002（13）：334 – 359.

［127］Michael E. Sobel. Asymptotic Confidence Intervals for Indirect Effects in Structural Equation Models ［J］. Sociological Methodology，1982（13）：290 – 312.

［128］Mohlmann M. Collaborative consumption：Determinants of satisfaction and the likelihood of using a sharing economy optionagain ［J］. Journal of Consumer Behaviour，2015，14（3）：193 – 207.

［129］Molla A，Licker P S. E-commerce systems success：An attempt to extend and respecify the Delone and Mclean model of IS success ［J］. Journal of Electronic Commerce Research，2001，2（4）：131 – 141.

［130］Mooran G Z，Deshpande R. Relationship between provides and users of market research：The dynamics of trust within and between organizations ［J］. Journal of Marketing Research，1992（29）：314 – 328.

［131］Motivation H G. leadership and organization：Do American theories apply abroad？［J］. Organization Dynamics，1980（9）：42 – 63.

［132］Murray K B，Schlacter J L. The impact of services versus goods on consumers' assessment of perceived risk and variability ［J］. Journal of the Academy of Marketing Science，1990（18）：51 – 66.

［133］Muylle S，Moenaert R，Despontin M. The conceptualization and empirical validation of web site user satisfaction ［J］. Information & Management，2004，41（5）：543 – 560.

［134］Owen J. Online 101：Hsieh's tips e-tailing，footwear news ［J］. FN，2005，21（61）：12.

[135] Page C, Lepkowska-white E. Web equity: A framework for building consumer value in online companies [J]. Journal of Consumer Marketing, 2002, 19 (30): 231 – 248.

[136] Palu S. Perception of risk [J]. Science, 1987 (23): 280 – 285.

[137] Parasuraman A, Zeithaml V A, Berry L L. A conceptual model of service quality and its implications for future research [J]. Journal of Marketing, 1985, 49 (4).

[138] Parasuraman A, Zeithaml V A, Berry L L. Servqual [J]. Journal of retailing, 1988, 64 (1): 12 – 37.

[139] Pavlou P A. Consumer acceptance of electronic commerce: Integrating trust an risk with the technology acceptance model [J]. International Journal of Electronic Commerce, 2003 (7): 101 – 134.

[140] Peter J P, Ryan M J. An investigation of perceived risk at the brand level [J]. Journal of the Marketing Research, 1976 (13): 184 – 188.

[141] Quaddus M, Achjari D. A model for electronic commerce success [J]. Telecommunications Policy, 2005, 29 (2): 127 – 152.

[142] Ratnasingham P. Risks in low trust among trading partners in electronic commerce [J]. Computer and Security, 1999 (18): 587 – 592.

[143] Roselius T R. Consumer rakings of risk reduction methods [J]. Journal of Marketing, 1971 (1): 56 – 61.

[144] Rotter J B. A new scale for the measurement of interpersonal trust [J]. Journal of Personality, 1967 (35): 651 – 665.

[145] Schneider G P. Electronic Commerce: Sixth Annual Edition [M]. Thomson, 2006.

[146] Seddon P B. A respecification and extension of the whole Delone and Mclean model of IS success [J]. Information Systems Research, 1997 (8): 240 – 253.

[147] Segars A H. Assessing the Unidimensionality of Measurement: a

Paradigm and Illustration Within the Context of Information SystemsResearch [J]. Omega, 1997 (1): 107 – 121.

[148] Sheth J N, Venkatesan M. Risk-reduction process in repetitive consumer behavior [J]. Journal of marketing research, 1968 (5): 307 – 310.

[149] Simmel G. The Sociology of Georg Simmel [M]. New York: Free Press, 1950.

[150] Solomon N, Ryan T, Lgbaria M. Quality and effectiveness in web-based customer support systems [J]. Information and Management, 2003 (8): 757 – 768.

[151] Stewart K J. Trust Transfer on the World Wide Web [J]. Organization Science, 2003 (14): 5 – 17.

[152] Stone R N, Gronhaug K. Perceived risk: Further consideration for the marketing discipline [J]. European Journal of Marketing, 1993 (27): 39 – 51.

[153] Tang Q, Huang J H. Impact of web site function on E-business success in Chinese wholesale and retail industries [J]. Tsinghua Sciencce and Technology, 2008 (3): 21.

[154] Tan J. The leap of faith from online to offline: An exploratory study of couchsurfing. org [C]. Third International Conference on Trust and Trustworthy Computing. Berlin, Germany, 2010: 367 – 380.

[155] Teo T, Liu J. Consumer trust in e-commerce in the United States, Singapore and China [J]. Omega, 2007 (35): 22 – 38.

[156] Thorleuchter D, Van den Poel D. Predicting e-commerce company success by mining the text of its publicly-accessib website [J]. Expert Systems with Applications, 2012 (39): 13026 – 13034.

[157] Turban E, King D, Lee J. Electronic commerce 2004: A managerial perspective [J]. Prentice Hall, 2004.

[158] Urban G L, Sultan F, Qualls W J. Placing trust at the center of

your Internet Strategy [J]. Sloan Management Review, 2003 (42): 39 – 48.

[159] Van der Heijden H, Verhagen T, Creemers M. Understanding Online Purchase Intentions: Contribution from technology and trust perspectives [J]. European Journal of Internation Systems, 2003 (12): 41 – 48.

[160] Verhagen T, van Dolen W. Online purchase intention: A multi-channel store image perspective [J]. Information & Management, 2009 (46): 77 – 82.

[161] Wagner G, Schramm-Klein H, Schu M. Determinants and Moderators of consumers' cross: border online shopping intentions [J]. 2016, 38 (4) : 214 – 227.

[162] Williamson O E. The Economic institution of Capitalism [M]. New York: Free Press, 1985.

[163] Wolfinbarger M, Gilly M C. Shopping online for freedom, control, and fun [J]. Califormia Management Review, 2001, 43 (2): 34 – 55.

[164] Xuan W. Factors affecting the achievement of success in e-tailing in China' s retail industry: A case study of the Shanghai brilliance group [D]. College of Management, Southern Cross University, Australia, 2007.

[165] Yang H C, Kim J L. The influence of perceived characteristics of SNS, external influence and information overload on SNS satisfaction and using reluctant intention: Mediating effects of self-es teem and though suppression [J]. Internationale Journal of Information Processing and Management (IJIPM), 2013, 4 (6): 19 – 30.

[166] Yang H E, Wu C C, Wang K C. An empirical analysis of online game service satisfaction and loyalty [J]. Expert Systems with Application, 2006, 36 (2): 1816 – 1825.

[167] Zhang S W, Zhao L, Lu Y B, Yang J. Get tired of socializing as social animal? An empirical explanation on discountinous usage behavior in social network services [G]. PACIS 2015 Proceedings, 2015: 125.